U0142497

# 社會的概念
# 及其變動法則

Der Begriff der Gesellschaft und die Gesetze ihrer Bewegung

史坦恩〔Lorenz von Stein〕著　張道義 譯注

五南圖書出版公司 印行

# 譯者序

　　本書原收錄在《1789 年以來法國社會運動史》作爲該書的導讀，於 1850 年出版，作者史坦恩（Lorenz von Stein, 1815-1890）爲德國著名的國家學與社會法學派代表性人物之一，因爲該書的出版，以及導讀中對於國家與社會的分析，使得史坦恩成爲家喻戶曉的學者，奠定他的學術地位與學術發展，也使得社會問題有了不同層面的論述，提升到相對於國家理論的高度。史坦恩對於社會領域的研究，最重要的便是從經濟概念中區分出社會概念，再將社會提升至國家層次的對照關係，使得社會領域成爲獨立自主的學術領域，也使得工業社會時代的國家與法律具有新的意義與變動法則。

　　作爲一位法學者，史坦恩又是如何在法學基礎之上建立社會與國家的學術體系呢？1815 年，他出生於單親家庭，幼年生活困頓，1835 年入學德國基爾大學，就讀法學與哲學，1839 年以極優異成績通過法學國家考試，1840 年以丹麥民事訴訟法制爲題，完成法學博士學位。隨後到柏林與巴黎遊學。1842 年返回德國後，27 歲的史坦恩利用在法國巴黎遊學所蒐集的資料，出版了他的第一本社會理論著作《當代法國社會主義與共產主義》，書中整理了他對法國大革命之後社會變動的觀察。1848 年增訂二版時成爲兩冊，1850 年增訂三版時就分成三冊，並改用新書名《1789 年以來法國社會運動史》，書中除了記錄法國大革命之後，法國社會的變動及其對於政治體制的衝擊，也在導讀《社會的概念及其變動法則》中建構有系統的國家與社會理論，首度提出頗具時代意義的社會概念及其

體系化的研究脈絡，指出社會問題、秩序與變動將成爲國家歷史的主導者。我們可以看到，史坦恩經過了 8 年的思索才在法國社會變動的歷史案卷史，以及社會主義與共產主義的理論叢林中，整理出社會概念的體系。再經過六年的時間，1856 年出版《國家學體系：社會理論》中，史坦恩更清楚的將社會概念建構在**倫理**與**財富**兩大要素之上，成爲社會秩序的兩大要素，進而發展出社會階級的對立與和諧，建構更完整的社會理論。

　　相較於德國傳統唯心論的國家哲學，包括康德的理性哲學、黑格爾的精神哲學、費希特的理性王國，身處工業社會時代背景的史坦恩，對於人的認知就不再完全以理性或者精神爲最終依歸，他承認人的矛盾本質，並以此作爲他的理論基礎，絕對的理性或者精神並不是人的全部，人還追求利益與財富，**精神**與**物質**的二元辯證關係眞正主導著人的生活，共同構成人格概念的內涵，成爲社會歷史變動、前進的力量，同時構成社會與國家的矛盾對立。爲了替這個矛盾對立找到出路，史坦恩在後續的學術生涯致力於行政理論與財政理論，作爲國家面對社會問題尋求歷史永續的出路，也展現出他與傳統唯心論的前輩們只執著於封閉的哲學體系的最大差異所在。

　　我們比較同時代的社會理論，例如孔德的《實證主義教程》、聖西門的《工業社會》或是馬克思的《資本論》，史坦恩提出足以相提並論的理論體系，其論點除了主張深入研究社會結構外，還必須掌握經濟領域與國家領域三者之間的互動關係。如果從 1842 年的《當代法國社會主義與共產主義》到1856 年的《國家學體系：社會理論》，史坦恩歷經了14年的持續努力，才眞正建構出德語世界第一本的社會理論，完整提出社會與國家的有機互動構成歷史永續的法則，在這期間最關

鍵的成果則是這本《社會的概念及其變動法則》。

　　19 世紀時所謂的社會理論，泛指法國社會主義與共產主義對於社會問題與改革所提出的行動哲學，史坦恩觀察到當時的法國對於各種社會主義與共產主義的主張，還是停留在理論層次主觀意識的危險與不切實際，在社會劇烈變動的歷史年代中，更應該將理論提升到社會學術的層次，建立客觀認知的體系，以掌握社會要素與社會變動的法則。他針對這些理論作出批判與修正，具體提出「社會改革的國家」（sozialer Staat），也就是一般通稱的社會國，主張國家應該將全面性的社會改革內化為自身的目的，以此建立工業社會國家的自主性與正當性，否則將難以擺脫社會利益的支配作用，使得國家自我矮化為一種社會化的機制，甚至淪為階級支配的工具。史坦恩很務實地承認階級利益必定掌控國家公權力，任何的改革交給國家之後，絕不代表問題就會自動消失。對於社會改革有興趣的讀者，尤其不應該只以滿腔熱情理解社會改革，那可能會自陷片面狹隘或者思考怠惰而不自知。本書的內容提醒我們，如果不從歷史過程中辨識前階段已經發生過的政治變動，以及相應實施過的政治改革，是無從認清、掌握社會改革的內涵與迫切性，以及它在國家社會互動過程中所呈現的歷史規律性。《社會的概念及其變動法則》最重要的意義，便是將社會問題與社會改革的概念呈現在歷史變動關係中，並且分析民主共和的政治主張面對社會利益的作用時，會是如何的虛幻與無力；共產主義、社會主義的行動哲學，又是如何的消失在自我矛盾中。國家以行政制度推行社會改革，之所以能夠取代政治革命與社會革命，又能夠在政治變動與社會變動的兩大歷史規律中，為人的自由開創出路，它的終極力量其實不假外求，還是必須回歸人對自身矛盾本質的充分認知。

本書適合哪些讀者呢？如果您對社會領域有興趣，希望有一本比較簡潔、明確又提供理論脈絡的經典著作；或者您對國家與法律制度已有認識，卻厭倦國家權力面對階級利益總是處於被動，也觀察到法律規範的有限性，希望進一步探究國家法律背後的主導力量；或者對於國內**政治變動**有興趣的讀者，我們都經歷過 1990 年代的憲政改革，民主制度帶來政治自由，伴隨出現的卻是政治分贓，以及加速擴大的貧富差距，到了 21 世紀，我們應該繼續糾結在憲法問題，或者應該進步到行政自主的時代，以妥善因應擺在我們面前的**社會變動**：已經擁有政治自由與教育水準的國民，具備完全的道德正當性要求物質意義的財富，實現社會經濟層面「更適當的」資源分配，政治自由已經成為過去式，社會自由才是現在式與未來式，所謂的公平正義，如果不具備社會自由就只是個學術概念，在學院講壇間流浪。本書的內容可以帶領讀者逐步探索、循序漸進的掌握社會與國家這兩大整體生活及其互動關係，這是永續發展的法則，也是自由變動的法則。

# 目　次

# 社會的概念及其變動法則

我們當代可以觀察到某種逐漸形成的生活現象，這種現象不同於既有的傳統生活型態，也未曾在任何學術領域中被完整分析過。但是這並不代表這種現象從前不曾存在過，只不過這種現象，總被認為是鮮少發生的例外情形，並非基於自主力量發生的作用，人們只看到比較容易理解的部分，卻忽略這種現象是從其他生活領域逐漸發展成型的。然而透過最近發生的重大事件，我們可以清楚知道這種現象是基於一種全然自主的力量，這個自主力量不僅攸關個人生存，同時涵蓋整個民族的生存，它不僅在個體與整體的生存具有內在、必然的關聯，我們對它的認識卻總是不清不楚地含混出現在已知的知識領域與生活秩序，以致於難以認知這個更有力量也複雜多元的有機體，我們開始對它的認識總是帶著懷疑與驚奇，也不會從一個具體的概念、自主的法則、甚至完整的體系去認識。目前我們已經可以從各個生活領域認識到這個有機體所展現的力量，學術界也在這些現象中逐漸凝聚這個新領域的共識，並且以一個傳統名詞稱呼它，那就是**社會**（die Gesellschaft），它具有自主的概念、構成要素與變動法則。

人文科學與自然科學或其他科學的差別在於，人文科學的知識如果不能統合成某種上位概念，那麼涵蓋在其中的個別生活事實就不具備任何價值。如果我們已經認識到前述諸

多生活事實的內在關聯，就應該依據這個內在關聯推論出自主的上位概念。針對各種生活事實的內在關聯如果能夠統合成某個自主的上位概念，也就能夠進一步依據這個概念進行體系性的學術研究，這個過程同樣適用於社會研究。

　　在國家學領域中，社會的概念屬於最困難的部分，原因不僅在於社會的範圍相當廣泛，很難建立一個明確自在的內涵，尤其特別的是，每個人都習慣以各自的觀點分析社會現象，更容易造成社會的概念流於恣意的想像，到目前為止，也缺乏明確的動機深入探討社會的內涵。如果我們要建立社會的學術認知，進而達到目前已經存在的國家學或者經濟學的理論規模，不僅必須將概念的確立列為首要任務，而且還有義務正面迎向那些既存的、空泛又欠缺明確內涵的理論想像或假設議題，彷彿每個人都能夠依其主觀意願任意的作成某種定義與說明。如果社會如同國家一般，屬於真實存在、範圍廣泛又必然整合的現象，那麼對於社會而言，又為什麼不能夠援引國家的概念與理論作為深入研究的起點，依據國家的特質進一步掌握社會的特質，甚至解決社會固有的內在矛盾與對立呢？如果社會不是無機、也不是偶然形成的群體，而是一個自主、專屬於人的生活型態，那麼社會自身就帶著某種特點，依據這個特點，我們得以運用抽象思考能力掌握社會，並且將它的複雜現象整理成清晰脈絡，這個關鍵特點就是建構社會的**概念（der Begriff）**。本文以下全部的內容就在建構社會的概念及其內涵。

# 第一章　社會的概念

## 人的生活及其整合

　　人生在世最大的矛盾莫過於**每個個人**與其**生存目的**之間的矛盾。每個人天生都有完全支配外在事物的本能，渴望完全占有精神資源與物質資源，不論如何定義這些外在事物或資源，都無損於每個人天生的支配本能，為此，我們付出千辛萬苦、希望與失望、歡欣與痛苦，這個支配本能就等於生活全部，因為它既是生活的前提，也是生活的目的。但是，每個個人自身永遠都是有限的存在，不論是力量、知識、甚至時間都是有限的，既沒有能力在短暫生命中享盡榮華富貴，更不可能夜以繼日的勞動以換取安居樂業。人的內在本能對於高貴美好的財富永遠是心有餘而力不足，每個人單以己力所能賺盡的財富規模，就只是貧窮的規模。

　　然而，人生在世不存在絕對的矛盾，即使上述分析也不例外。只不過矛盾的解決並不在個人生活的範疇。每個個人的有限性會在群體生活的多樣性中獲得緩解，群體生活為了滿足人的生活目的能夠提供無限的力量與時間。人的群體數目增加，因此成為實踐自身生活目的的首要基礎。

　　但是群體本身也只是無數個人的聚集，因為每一個個人都是獨立自主的個體，所以單純的群體數字也不過是無限複製前述內在目的與外在力量的矛盾而已，也就是無限複製

個人的貧窮。如果群體要進一步有助於個體目的的實現，還需要另一個要素的加入。群體的多樣性必須要為個體而存在，因為個體本身是個絕對的矛盾，群體的多樣性就在於解決這個矛盾，因此群體之中發展出的個體互助現象，才會形成人的**共同體**（die Gemeinschaft der Menschen）。

　　由於個人生活如果欠缺共同體的整合作用就只是個無解的矛盾，然而，解決個人矛盾的共同體並不是單純的透過無數個體的群聚就自動形成，共同體並不是依據個人恣意所產生，而是依據人的生活目的所形成，具有絕對的必然性，因此我們必須將它視為一個自主存在的生活形式，就像每一個個人都是自主存在的生活。雖然在理解上有些困難，卻是個必然的現象。我們其實不必斤斤計較是否應該在此思考共同體先於個人存在，或者個體先於群體的問題，我們只要認定這個事實：共同體是個自主存在與自主形成的現象。

　　如前所述，共同體為了所有個人及其人格發展而存在，它的範圍涵蓋所有個人的活動，而且依據人的本質進行理解，因此掌握共同體的自主存在與自主形成就不可能脫離對人的認知。相反的，為了在人的生活模式中發現並且落實共同體的目的，它本身的特質就必須符合人的生活。

　　人的生活不同於物質或者自然，本質上的關鍵差異在於：人的生活是一種自主的生活（ein selbstbestimmtes）。所謂自主的生活，是指它本身具有必然性與變動力量，能夠自主完成自身目的、行為與構成要素。實踐自主生活的變動力量就是意志（der Wille），實際達成的自主生活就是行動

（die Tat）[1]。透過意志力的作用，使得人的生活得以建立內在的自主完整性（eine Einheit），欠缺意志作用就失去自主性，那只是物質與自然的生活。透過行動力的作用，使得人的生活相對於他人生活得以建立外在的自主完整性，物質與自然向來不具有行動的意義。

如果共同體具有自主性，它的存在就不必依賴每個個人，具有超越每個個人的特性；如果共同體是一種人的生活，它就帶有人的生活條件，那麼它就必定具有一個自主的意志，以此呈現出自主的完整性，並且依據意志主導行動以落實共同體的自主性。我們也可倒過來理解這句話，如果我們能夠在共同體中確立一個自主存在、不依賴個人的意志，以及自主的行動，那麼我們就不能否認，在這個共同體同樣具有一種如同個人一般的生活。

這個具有獨立自主意志的共同體就是我們通稱的**國家**。對於國家曾經有過無數的定義，但是都不足以完整說明，原因只在於不認識人的本質。本文不適合繼續說明人的本質，但是依據人的自主生活本質便足以定義國家：國家就是人的共同體，這個共同體具有人格化的意志與行動。

這個定義似乎還欠缺些什麼，我們為什麼不直接將國家定義成人格化的共同體，國家就直接等同於具有普遍一般特性的自主人格呢？

我們仔細檢視意志與行動這兩個概念的內涵，可以清楚地發現，意志所展現的只是國家自主性的各種可能與各種

---

1 想要完成的自主性就是意志，實際完成的自主性就是行動。

權力關係，後續的各種行動都只是國家自主性的實踐。在各種實踐行動的過程與結果之中，還存在著某種動態發展的空間，即使暫不觀察各種國家行動，國家的人格自主性在這個動態發展的空間還有某種存在的形式，這個存在的形式又是什麼呢[2]？

　　意志與行動雖然支配特定對象，卻不會摧毀被支配對象的生存基礎與構成要素，因而人格作用支配的客體其實具有雙重生活的現象：它既服從主體的人格作用，同時又能夠依據自身法則產生變動。在人格意志展現支配作用時，客體也展現服從，當支配作用不穩定時，客體則再度進行自身的變動。這個被人格支配的客體就是**自然**（die Natuer），包括自然之中的土地與土地產值、動物、礦產等，如果離開了人格的意志作用，它們必定回歸自然狀態，透過這樣的自主變動，雖然大自然仍舊是個被支配的客體，卻能夠以此自身變動法則成為人格主體的對立現象。人格主體為了維持自身支配地位，必須再以其意志作用重新取得主宰優勢。前述的對立現象本身就構成一種動態發展的變動過程，這種人格主體與自然客體之間的變動過程就是**生活**（das Leben）的概念。在人格主體作用範圍內的自然客體及其所展現的動態發展，正是國家作為一個人格主體的生活所在，同時也是國家行動的作用所在，因此在國家的意志與行動之外，還存在國家生活（ein Leben des Staates）的概念[3]。

---

2　如果國家是一個自在的主體，那麼它的客體是什麼呢？

3　國家生活就等於個人生活，最大的矛盾莫過於每個個人與其生存目的之間的矛盾。國家生活的概念既代表國家權力對於權力對象的支配作用，也等於國

　　依據上述說明，這個受國家意志支配卻又具有自身變動法則的客體究竟是什麼呢？由於國家是所有國民人格化的共同體，所以國家自主性的支配客體也就是所有國民的自主生活型態，當國家意志展現作用時，客體便服從國家及其意志，雖然這個客體離不開國家意志，卻依據自身法則產生變動，向前邁進。

　　在這個分析基礎上，人類共同體在國家概念之外，有了第二個內涵。這個所有國民的自主生活型態，同樣屬於國家意志的客體，與國家概念密不可分，更難以用言語具體形容。這個人類共同體的第二個內涵究竟是什麼呢？它的自主生活會呈現何種靜態秩序與變動法則呢[4]？

## 經濟有機體

　　每個人的生活都處在內在無限目的與外在有限世界的矛盾中，充滿了人格自由與外在世界的持續對立，人格自由永遠試圖支配所有外在世界，同時外在世界又持續脫離人的支配。在前述互動中，為了掌握外在事物以供生活所需與生產所用，進而採取有目的、有計畫的作為，我們稱之為勞動（die Arbeit）。透過勞動產出以供生活所需與生產所用，我們稱之為經濟資源（das Gut），每個人的生活基本上都以勞動從事某種經濟活動。

---

　　家的變動過程，構成國家的歷史。
[4] 這個全體國民的概念構成國家權力的支配對象，全體國民的自主生活型態首先呈現的是經濟有機體，隨著經濟生活的變動與發展，再呈現出社會有機體。

　　然而在經濟資源開發與生產過程中尤其顯現個人的有限性，沒有人能夠自行蒐集、更無人能夠單以己力滿足自身生活與生產的需求，群體（die Vielheit）的生活也不過無限複製前述窘境，一直到勞動分工與共同開發行為，才可能開創足夠的經濟規模。

　　因此，是人支配外在世界的目的驅使個別存在的勞動整合成一個整體，進而成為一個合作開發經濟資源的整體，但是這個整體最初呈現的也只是偶然形成的現象，對所有成員個人而言也都是可以隨意選擇加入或退出的現象。然而這個整體同樣具有自主作用，而且擁有巨大力量，就如同國家的意志作用。

　　每一種個人勞動範圍內的經濟資源，屬於這個人的人格自主支配範圍，原本存在於大自然的經濟資源因此有了個人人格的專屬特性，也有了專屬個人人格的不可侵犯性。經濟資源的不可侵犯性就形成權利的概念（das Recht），屬於特定個人具體的人格權利並且不受他人侵犯的經濟資源，就是私有物的概念（das Eigentum）。任何人如果被剝奪權利與私有物，就等於喪失個人人格。

　　因為任何物資與原物料都是透過勞動才會成為經濟資源，任何的經濟資源也都是依此特性與過程成為一種的私有物，依據私有物的本質，每個人必定被排除在他人擁有的經濟資源之外。

　　同樣依據私有物的本質，任何權利都會形成一個專屬且封閉的領域，在經濟生活中，任何的私有物都會成為一個自主的基本元素（ein Atom），那就是只依據所有權人的意志

決定其存在與變動。

但是在私有物的概念下，卻有一些超越私有物專屬界限的動力，這個動力促使每個人固然對於經濟資源有需求，同時對他人的勞動也有需求。換言之，任何私有物只透過所有權人是不可能完全發揮最大可能的價值，因為這個私有物與其被需求的程度，不可能達成該有的規模，同樣的道理，如果只有所有權人的勞動，這個私有物就只能滿足低度的需求，達不到資源規模可以滿足的更大需求。勞動與財富，個體與群體必然是相互依存、互為因果。但是，勞動卻必須以某種經濟資源為前提，這通常是以財富的形式存在，一個人的勞動也必須以他人的勞動為前提。資產者與勞動者的關係不再只是兩個人的單純並列，而是一個人的行為必定以另一個人的財富、意志、甚至行為為前提，這個圍繞著勞動行為的依存關係，單依概念的分析就不是偶然或者任意形成的關係，而是超越個人意志，依據生活需求的本質所產生，並且依據生產產品特性必然形成的規律與秩序，這個規律與秩序就是經濟生活的有機關係，其中一部分也可以稱為勞動分工的概念（Teilung der Arbeit）。所以，任何私有物如果超出原本的專屬界限，在這個變動過程中必定呈現某種有機的整體作用，權利的概念是這個有機體變動過程的最基本元素，任何所有權人都依自由意志決定行為，整體需求使得有機體變動過程具有經濟的外在形式，個別生產行為使得有機體變動過程出現某種特定類型的次級有機體[5]。上述經濟生

---

5 某種特定類型的次級有機體指的是農業、工業、商業、手工業的經濟體。

活的有機體也可以直接稱為**國民經濟**（die Volkswirtschaft oder Nationaloekonomie）的概念。

上述經濟生活的有機體更深刻的意義在於這句話：「要達成征服自然的外在目的，就必須先完成群體的整合。」國民經濟的理論就是在這個基礎上掌握經濟生活，它要表達的就是如何以人的整體作用支配自然、創造財富。

由於經濟資源是實現人的整體目的的唯一途徑，同樣也是實現個人目的的唯一途徑，因此，經濟生活及其作用不會只停留在整體生活的富裕或貧窮的現象，也不會只呈現若干經濟變動的法則，也不會只限定在勞動者與資產者的互動關係，不論這個勞資關係是經濟活動的條件或者結果，經濟作用必定持續擴大且深入。基於經濟資源與人格發展的內在密切關係，經濟作用必定擴及所有個人的**內在生活**層面，在這個**內在生活**的連結上會開始呈現一連串的嶄新現象。

## 經濟有機體的變動

由於個人的私有物構成物質發展的基礎，因此，所有者必定用盡全力開發經營這個特定私有物及其所屬的特定經濟活動，如何使得該領域的經濟資源效用極大化，成為所有個人最主要的生活目的，這個生活目的進一步塑造了所有個人的個體特性，並且使得他相當程度的認同與實踐這個特定生活目的所需要的特定作為。這是一個最值得我們注意的關鍵點，原本人們以其勞動促使某個自然客體為人所用，然而這個自然客體卻以相同的作用與力道回頭影響人們，本文先前對於生活概念的定義也適用在這個領域：人對物的支配

範圍內同時存在著被支配對象的自主作為。我們不是都依據不同的職業與勞動類型，而有不同的價值觀與世界觀嗎？不論是鄉下人、城市人、遊牧民族、勞動者、管理者、知識分子、藝術工作者，對於世界都會有不同的認知與觀點，不同職業與勞動的人，在人世間所追尋的、所需求的、所忽略的、所享受的都不相同，他們同樣也擁有不同的力量、知識與勞動以生存在這世間，然而可以確定的是，個人的行為模式不再只是源自於個人的自然特性，而是取決於經濟資源的特性，因為我們都會用盡一生心力去經營我們所擁有的那份經濟資源。這裡其實呈現出一個未經研究過的領域，然而毫無疑問的，上述分析已經告訴我們，經濟資源的特殊意義創造出個人人格的特殊性，也為這個特殊性提供外部條件。

其次，經濟資源既然構成人格完整的外部條件，而且是以不同的私有物表現其影響力，那麼特定經濟資源的**規模**（das Mass）必定成為人格發展的決定因素。大規模財富必定創造有利的發展條件，小規模財富就只能形成有限的發展條件，確實有少數強者會否定這項原則，然而通常的情形是，財富的規模差異確實決定著人際之間的發展差異。

上述分析已經明白呈現經濟資源與人格發展的相互關係，不僅人格發展是以經濟資源為條件，而且經濟資源對人格發展的支配力，幾乎等同於人對經濟資源的支配力。然而，經濟資源對人格發展的支配關係還不以此為限。

每個人都在經濟變動過程中，依據勞動的特定型態，設定他的生活目標，進而形塑出自身的個體特性，特定的勞動能夠達到這個特定目標，卻也讓他沒有能力再去完成其他

的生活目標。勞動的特定型態完全主導人的個體性,將他的生活侷限在特定生活範圍內,使得他難以、甚至根本不可能超出既定的生活範圍,即使還有其他更好的生活選擇。由於經濟資源主宰全面的人格發展,所以每個人在特定生活目標中賴以維生的經濟地位,必定成為個人人格與他人人格之間差異性的指標。然而,每個人的原初目的都是無限的,依據上述的分析,這個原初的無限性卻因為人際互動注定成為有限的。雖然每個人看起來都可以自由選擇他自己內在與外在的發展方向,但是他實際上賴以維生的行為模式卻主導他的生活,將他限定在既有的生活範圍。由於其他的行業可能費時、費力、更難入門,也不保證獲利較高,即使更熱門更吸引人,卻不足以取代既有的行業與生活。他再也不是自己生活的主人,反而受限於既有的生活模式。既有的行業與生活不僅塑造個體特性,也決定個體獲得財富的規模,甚至剝奪個體的任意作為,這個法則以其無比巨大的力量完全主宰了任何自由的個體,將他的自由限制在實際生活的層面[6]。

　　但是,依據前述經濟生活的法則,任何的勞動營利行為都與其他的勞動營利行為共同構成有機關係。經濟領域的有機關係因此成為一個巨大的網絡世界,從各種次級脈絡到所有個人,持續推展它的影響力。每個人依其生活模式在這個經濟網絡中都有一個特定的目的,依此目的每個人在經濟有機體中都占有一個相對存在的特定地位,任何個人也都離不

---

6　所謂「自由限制在實際生活」,指的是自由的變動過程,自由不再只是靜態的概念,而是受制於動態發展,其中勞動與財富就是核心要素。

開這個特定地位。基於上述分析，經濟法則首先會成為人格自由的基本條件，經濟有機體的變動因此成為共同體的核心秩序（Ordnung der menschlichen Gemeinschaft）。

　　共同體的核心秩序因為在人格本質中找到自身的特性，因而不同於其他自然的秩序。每個人的人格發展都將依賴經濟資源，依據經濟變動的法則，其中一部分的資源必定成為其他資源產生經濟變動的條件，同理可知，任何人在其經濟生活及其人格發展的過程中都依賴另一個握有經濟條件以經營自身生活的人。由於所有的經濟資源都是在私有制的基礎上，私有制又構成自由意志的基礎，所以一個人勞動營利的前提，往往掌握在另一個人的私有物及其意志作用。依此推論，個人的人格發展必定依賴另一個握有其勞動營利條件的人。因此，上述共同體的核心秩序，因為是建立在經濟變動的基礎上，結果呈現出的卻是一個人依賴另一個人的秩序。

　　物資、勞動與需求，三者之間存在著不變的本質，那就是勞動以物資為前提，這樣的勞動才能滿足人的需求，勞動對於需求才產生價值。在這個關係中突顯一個放諸四海皆準的道理，足以呈現上述共同體核心秩序的真實結構。每個人都有勞動力，但是物資卻是有限的。由於物資都掌握在私有制的狀態下，基於物資的有限性，對於每一個人而言，只可能部分擁有，而且共同體也只有少數人能夠擁有。這種情形下，能夠擁有勞動所需的物資，就主宰其他人勞動營利的原初條件，原因只在於這些「其他人」欠缺勞動所需的物資。由於勞動力的運用必須依賴物資的供給，而物資又掌握

在私有制的狀態，所以勞動者如果欠缺有產者的同意，根本無從應用勞動力，我們因此得以推論，付出勞動力的勞動者必定依賴占有物資的有產者。

綜上所述，共同體的生活秩序如果建立在經濟變動的法則上，就必定呈現出無產者對有產者的依賴關係。這也是共同體必定呈現的兩大階級，兩者的存在不會因為歷史演變或者理論創新而被改變過。只要經濟資產都源自於生產行為，私有財產都源自於勞動所得，上述無產與有產的對立就構成共同體的兩大極端現象，他們彼此的和諧與對立就構成共同體歷史變動的核心內涵。

透過上述分析，我們可以建立更清楚的論點，有產者與無產者兩大階級並非共同體在毫無秩序意義下所形成的偶發現象，除此之外，兩大階級又各自構成獨立自主的有機體。

## 社會的概念

我們一般通稱的財富並不是無從區分內容的概念，私有制所涵蓋的物資與財富都是包羅萬象的概念。我們可以區分為三大類：土地、資金與生產工具（工業資產）[7]，三大類型本身又包括更多的次級資產型態：土地資產包括農地、設定各種類型的地上權、房地產、租賃契約與租金收入等；資金包括不附解除期限、只負擔利息的資本、購買勞務的資本；生產工具（工業資產）包括工廠、機器、船舶、倉

---

7　原文所使用的文字是：土地、資金與工業資產或固定資本。

儲等資產型態。如果前段分析正確，財富支配著任何個人的生活模式與個體性，那麼不同種類的財富必定會在所有者之間，依據財富特性創造出特有的生活模式與個體性。由於不同型態的財富都是以**價值高低**表現它的種類與規模，因此財富彼此之間連同所有者彼此之間的關係，將會依據財富價值的高低（規模）定其秩序。對於有產階級而言，將依據財富**種類**決定其個人特有的生活秩序，依據財富**規模**決定他們彼此之間的生活秩序[8]。

　　類似的過程同樣創造出不同的勞動型態，勞動型態又比財富更有力量促使原本自由的個體依據勞動特性自我調整，勞動的種類同樣決定了個人人格發展的內涵。然而勞動本身的秩序不是建立在規模大小的問題上，而是由其他要素主導。勞動概念可以區分成兩個層次，分別是人的精神活動與物理行為，依據這兩者不同的比例，我們可以區分勞動為自主勞動（die freie Arbeit）與機械勞動（die mechanische Arbeit），前者比較高尚，獲利較豐厚；後者沒那麼高尚，獲利也沒那麼豐厚。依據這樣的勞動區分，自主勞動明顯優於機械勞動，在所有勞動行為中，管理勞動有其獨特任務，它的重要性又高於所有實際進行的勞動。這個勞動圖像同樣構成共同體的階級圖像，其中無產者都將依賴勞動關係，透過勞動才足以形成他的人格發展與人際互動，有產者

---

8　財富種類例如土地財的特性決定農人的生活秩序，精神財的特性決定學術、藝術、自由業者的生活秩序，生產財的特性決定工商業者的生活秩序；財富規模例如土地大小決定地主、自耕農、佃農之間的生活秩序，資金規模決定上中下游業者、大中小盤商之間的生活秩序。

同樣依據他的勞動關係形成他的人格發展與人際互動。

依據上述分析，進而衍生出全新的上下互動關係，不僅呈現出有產與無產階級團體的互動，促成兩大階級間的變動，產生全新的階級互動關係，其中最重要的便是：特定型態的勞動必定從屬於特定種類的財富[9]。由於勞動構成勞動者的生存基礎，財富的種類與規模則構成有產者的生活內涵，因而特定勞動從屬於特定財富的單向關係，必定造成無產階級的個體發展受制於特定的財富，影響所及也受制於特定財富的所有者。前段分析說明的勞動對物資與原物料的依賴關係（經濟生產關係）必定轉換成勞動者對有產者的依賴關係（社會依賴關係），有產者不僅掌握勞動者的營利，同時掌握了勞動者的人格發展，有產者固然支配著勞動者，現在更將勞動者的發展需求轉換成依賴關係[10]。因此，原本只是純粹的外在關係（勞動與物資）將轉變成內在關係，於是在共同體之中產生了新的概念、新的生活關係、新的生活事實。這個外在關係原本只存在於土地財生活秩序中的地主與佃農、領主與僕役、長官與部屬、師傅與徒弟之間，依據土地財的本質，它的影響範圍只侷限於土地關係與家庭、宗族的生活秩序。基於互相依賴與職務從屬所產生的內在關係則是精神上的忠誠與服從，這使得依賴關係更顯得高尚與榮耀。但是在工業廠房基於生產財的生產關係就不會形成上述

---

9 這代表勞動單向的被財富所決定，財富的種類單向的決定勞動的型態，這也代表勞動者與資產者的單向關係。

10 這代表勞動者的發展需求愈大，依賴關係就愈深；勞動者的人格自由完全依賴生產關係。

狀態，因為在工業環境中並非有產者個人支配勞動者，而是超越個人恣意的勞動生產法制支配勞動者。在商業領域又有不同的狀態，從事服務業的勞動者更像是輔佐人或代理人的功能，而不是領主與僕役、師傅與徒弟的關係。這些不同狀態的生活秩序，其實都是無產者對有產者依賴關係的多元表現方式，它們構成共同體的真實結構，它們本身因此成為研究共同體必須具備的認知，它們同時也展現共同體的人際互動與秩序變遷。透過這樣的認知，才使得共同生活的有機體從一組由邏輯關係構成的概念成為真實生活現象。

上述生活秩序中，無產者對有產者的依賴狀態才使得理論的敘述能夠印證在實際日常生活中。任何人只要透過自身環境就能夠充分理解，不論是上層或是下層，任何人都會發現依賴關係無所不在，他自己不僅置身其中，也必定在其中找到自己的定位，我們因此都能清楚觀察與體驗到，特定生活目的確實構成每個人特殊的個體性，無產者必定依賴有產者，而且依賴關係確實是依據財富的種類而定其內涵。針對這個生活秩序的觀察、分析與論述，將為我們展現一個廣闊的知識領域，它之所以如此廣闊，在於欠缺理論的分析整理；它之所以如此重要，因為深刻主宰個人生活，也深刻主宰個人的人格發展自由。人們極度重視這個領域並且賦予學術價值的時代終將來臨，這樣的時代已經開始發生在現代，這個領域的基本認知就在於：個人人格將成為整體生活的最高目的。

以上的論述還遺漏一個現象。當我們討論既有的社經地位決定人格發展時，卻沒分析我們是否能夠自由選擇這樣的

社經地位？即使這樣的生活秩序受限於財富與勞動條件變得牢不可破，而且由不得恣意改變，而財富與勞動的本質與規律又遠遠超出個人影響範圍，我們卻沒有分析個人是否有能力只依據自身興趣與志向，在這樣的生活秩序中找到最佳的人格發展方向[11]？

　　答案是不可能。在上述生活秩序中還有另一種力量，對於它的討論目前都侷限在道德與法律制度的領域，然而這個力量及其目的在共同體中不僅將個人、甚至整個宗族都固定在既有的社經地位，這個力量就是**家庭**。家庭養育兒童，家庭的社經地位通常決定於家長的社經地位，家長也就以其社經能力範圍養育兒童。在共同體達到這個社經地位的條件必定也是透過家庭取得，這些條件就是財富加上精神上與體力上的勞動能力，每個家庭都以其既有的條件提供下一代所需的條件，不論是條件的規模或種類。所以家庭狀態影響所及遠遠超出家長自己的生活，它還支配著下一代的未來，即使某些人有可能突破家庭固有的限制，但是通常的情形顯示，一個家庭的地位與命運往往決定了後代家庭的地位與命運。我們環顧周遭現成的例子比比皆是。除了少數的例外，通常農人的子女大多務農維生，資本家的子女也會從事工業生產與經商貿易，勞工的子女大多成為勞動人口，甚至與家長從事相同的勞動行為。只有非常優秀與非常幸運者能夠達成正向的階級流動，但是擁有異常優秀的天賦就跟異常出現的運氣都是同樣的罕見。

---

11 人格發展自由是操之在人或者操之在己？

　　透過上述的分析，經濟生活的秩序必然成為人際之間及
其行為模式的核心秩序，這個秩序再透過家庭成為家族與宗
族代代相傳的生活秩序。如果人的共同體在國家人格狀態中
找到自身有機體的統一意志，在經濟生活秩序中則找到另一
個同樣組織嚴密、功能廣泛又強大有力的生活有機體。這樣
的生活有機體以**經濟分配**為前提，透過**勞動分工**為動力，輔
以**需求體系**向前變動，透過家庭倫理及其法律制度凝聚成
穩定的**宗族秩序**[12]，這四大要素共同組合成人類的社會概念
（die menschliche Gesellschaft）。各個構成要素都在社會
有機體的概念中共同出發，任何單一要素都不足以全盤理解
人的生活，人的生活也不會永遠停留在單一要素與現象。只
有在社會概念中才使得個人人格成為具體現象，得以實際完
成；透過社會概念才使得經濟分配、勞動分工、個別經濟與
國民經濟、家庭倫理及其法律制度的概念與理論有了更高度
發展的平臺，因為在社會有機體中，這些要素才共同完成人
類生活的最高目的：**個體生存**與**個體目的**的實踐。

---

12 在本書出版的 1850 年代，德國境內各諸侯國都制定以長子繼承（das Ma-
　jorat, Fideicommiss）、僕役制度（das Gesindewesen）、家長自治權（die
　Autonomie）為核心的家庭法制，規範親屬與繼承關係；土地登記則以貴族
　土地登記為主（die Landtafel），尚未建立全面的土地登記制度。直到 1896
　年德意志帝國才頒布適用全國的民法典。參閱史坦恩著，張道義譯注，《行
　政理論與行政法》，五南出版社，2017 年 9 月，第 326 頁以下；第 215 頁
　以下。

# 第二章　國家與社會的基本原則

## 共同體的文明永續

　　社會的抽象概念已如前述，藉此我們得以反思更上位的問題，在其中社會只構成它的單一現象，但是藉著社會概念建立的知識，卻能夠為我們開啟一個有效途徑，面對與解決這個更宏觀的問題。

　　本文曾經提出個人的目的作為論述的起點。但是個人的單獨生存是無法完成個人的目的，實踐個人目的必定依賴共同體的作用，個人目的因此也帶有共同體的本質與必然性，它是一種自在的現象，是一種超越所有個人及其群體的現象。

　　這個共同體作為個人發展的前提，提供個人發展的條件，它本身必定具有擬人化的生活特質。更具體的說，它本身就必須是永續經營，而且它的永續問題是以全面、不可抗拒的力量主宰每個人的生活。每一個人都會深刻體會自己不僅身在其中、禍福與共，而且共同體高度發展時，自己也會向上提升，共同體停滯不前時，自己也只能空虛內耗。不論多麼的強而有力或者天賦異稟，任何人都不可能抗拒這樣的發展規律，也不可能單獨置身事外，共同體的興衰交替，注定成為每個人休戚相關、榮辱與共的大平臺。共同體就以這種無比真實又影響深刻的力量，在每一個場域，為每一個人

的各種目的提供發展的條件。

　　正因為上述深遠的影響力，所以千百年來人們便試圖發展理論以掌握共同體存續興衰的原因。到目前為止可以確定的共識是，這樣的共同體必定具有它自身的法則與結構，就像日月星辰都有自身的運行規律，最小的細胞都有自身的生存模式，這些理論都試圖以語言文字表達出這樣的規律性及其客觀的變動法則。這樣的工作，從原初的理論家開始，直到最終的理論家才會終結的思考過程，正是我們接下來所要努力呈現的內容。

　　所有的永續生活都是一種變動的過程，在某個既定的範圍內透過人（das Persoenliche）與自然（das Unpersoenliche）的相互對立、衝突與激盪，在過程中，人以其創新能力支配自然，自然則以被支配後的新樣貌試圖擺脫人的支配。如果人完全支配自然，使得自然的本質完全消滅，同時生活的對立與界限也被消滅，這是一種人以其純粹本質完全支配自然的極致生活型態，這種對於俗世人類完全不可能的現象，將會是一種超越人世的神權生活。相反的情形，如果自然完全支配人，將會是一種死亡。所謂的「永續生活」（das Leben）就是上述對立狀態的變動過程，本身必然呈現矛盾與對立的作用，就像代表生活精神面向的思考，就必定在矛盾對立的相對關係中進行，因為這是依據永續生活推論出的邏輯關係。如果有超出的部分，就只會是其他的領域（神權或死亡）。可以確定的是，人的共同體具有的完整性（das Ganze）必定建立在對立的元素與過程。接下來必須釐清的是，在這個共同體中，什麼是人的作用，什麼又是自

然的作用呢？

　　依據前面章節的分析，已經清楚呈現這個問題的脈絡。所謂「人」的作用必定具有自主性，在共同體的概念下，這個自主性就是國家（der Staat），國家具有人的有機體的普遍意志。所謂「自然」的作用，它的有機作用與變動並非基於人的普遍意志，共同體在這裡所展現的秩序，是建立在各種自然元素所展現的秩序，依據物質作用形成的自然法則[1]，這個秩序就是社會（die Gesellschaft）。國家與社會依其本質不僅僅構成人類存在的兩種差異結構，而且構成人類共同生活體的兩種對立體系。

　　由於永續生活的本質就是人的自主意志與自然的物質作用持續互動形成的現象，因而永續生活的內涵必定就是國家對社會、社會對國家，這兩個體系之間持續對立與互動的過程（ein bestaendiger Kampf）。如果上述分析正確，那麼自然完全依賴人的意志，或者國家與社會無條件、貫徹始終的和諧共存，這樣的狀態都代表社會全面的國家化，對於人類而言是完全不可能實現，因為那根本就是神的境界。國家與社會之間絕對的和諧共存，根本不符合永續生活的矛盾本質。同理可證，如果人的意志完全被自然力所支配，就如同國家自主理念全面的社會化，成為社會秩序支配的對象，這就是共同體的死亡。人類歷史隨處記錄著這樣的死亡，儘管不存在完美的民族與文明，卻總是存在過死亡的民族與文明，這種死亡的現象代表著國家作用的消失，以下的分析將

---

1　動物、植物、礦物等元素共同構成的物理、化學、力學等作用。

更清楚的說明，所謂共同體的死亡就等同國家的權力作用已經完全淪為社會利益的支配對象。因而，任何民族的永續生活就是國家與社會的持續對立與互動。

　　如果還有其他生活型態，那麼我們就有責任喚醒讀者。上述國家與社會的矛盾對立適用任何民族生活，除此之外，不可能再有第二種同樣重要與同樣高度的整體生活型態，更不會有超出國家與社會矛盾對立的生活層次。如此的強調，當然不代表人類共同體的任何變動都呈現出國家與社會的矛盾對立，同樣的道理，我們觀察具體的個人生活，每個人的發展與變動，不論身體成長、職位變動、疲勞困頓或者安靜入睡等，也不代表都歸因於人與自然的矛盾對立關係。本文分析的是任何民族永續生活的本質，這個本質總是構成所有變動的終極原因，而且最終總是呈現國家與社會的矛盾對立。如果我們尋求民族歷史的真實理解，就必須站在這個觀點，所有的歷史變遷必定在其中找到解釋。不論是當代或是過往歷史都不過是這樣的變動規律，而且毫無疑問的，在不遠的將來或者遙遠的未來，歷史的規律都將呈現**國家理念**與**社會秩序**之間永恆的矛盾對立。針對這個歷史規律，本文已經完成足夠的論證，另一個論證也已經同樣的清楚明確：我們如果要理解人的需求，以及圍繞著基本需求所呈現的永續生活法則，都可以在歷史現象中找到最直接的證明。我們在此必須強調的是，到目前為止對於歷史現象的研究仍然停留在低階的層次，只有少數例外的研究堪稱已深入到歷史事件的本質。不論是歷史現象或者歷史研究都只是一種針對歷史事實的**描述**，它的目的只在於客觀呈現歷史事

實，而不在於探討歷史變動的原因及其理解。我們敢於大膽
地說出這樣的主張，也希望有人能夠向我們展示深入真實生
活變動原因的分析。不論目前的實際狀況或者人們的主觀意
願，依據共同體的本質進而分析當代的生活，將是我們接下
來必須著手的任務，我們也有相當理由提醒每一位讀者至少
應該嘗試思考，針對當代發生的種種劇烈對立，它的真實
內涵是否都能夠歸結到國家理念與社會秩序之間的矛盾對
立。如果矛盾原因真的在此，對它的深入理解，就能夠找到
支配矛盾的力量，以及解決矛盾的方法。

　　本文在此做個小結。我們已經清楚呈現共同體的變動
都是基於社會與國家之間持續的衝撞與磨合，而且這個動
態的矛盾對立構成所有民族內部歷史的真實內涵，不論極小
或極大的歷史變動，我們都可以在公共領域中觀察到，它如
何以既有的傳統力量激發出嶄新的生活結構。如果上述分析
正確，顯然就不能只停留在這兩句話，只強調國家是共同體
「人」的要素，社會是共同體「自然」的要素。兩者同樣都
是動態發展，同樣都有自主目的，然而兩個自主目的是否能
夠歸納出專屬自身特質的基本原則，兩個基本原則又處於何
種對立狀態呢？很顯然這個問題的答案，對於釐清共同體的
變動內涵具有決定性的重要。

## 國家的基本原則

　　藉著下述兩個原則，我們將進行國家與社會的闡述，希
望讀者願意用心進入這個領域。本文相信，如果能夠完整理
解這個領域，也就能夠充分掌握後續的論述脈絡。

　　如果要分析一個有機事物的基本原則，就是要呈現它的運作法則，藉此得以掌握事物的外在全貌，以及事物的內在連結。這樣的基本原則對於國家有機體而言，外在全貌就在於構成國家形體的全體國民，內在連結就在於全體國民的人格自主[2]。如此的分析不是任意堆砌的文字，而是依據事物本質的必然性推論而成。那麼，什麼樣的原則使得國家的本質能夠密切連結全體國民的自主性，以及全體國民所構成的社會呢？

　　國家是共同體擬人化的統一整體，它代表共同體所有個人的**意志**，再以國家**行動**實現意志。依據所有個人人格發展所呈現的真實狀況，每個人都處在人格發展的不同階段。因為身處不同發展階段的所有個人共同構成國家的人格，所以這些不同的人格發展階段必然構成國家自身的發展階段。接下來的推論就很清楚：國家擁有愈多聰明的國民，國家本身就愈聰明；國民愈富有，國家愈富有；國民愈有生產力，國家愈有生產力。相反的情形，如果國民擁有的精神資源、物質資源日漸貧乏，國家也日漸貧乏；國民能力遞減，國家能力遞減；國民能力進步，國家能力進步。這些都是自明之理，依據這個道理我們得以推論：所有國民的發展規模必定成為國家的發展規模。

　　由於國家代表著最高的人格發展狀態，為了達到最高發展目的，因而擁有最大公權力及其最佳的執行狀態。依此推

---

2　國家的基本原則等同於國民的基本原則，全體國民的內在連結在於人格自主，全體國民的外在形體就是社會。

論，國家為了達到自身生活的最高目的，就必須運用最大的公權力為所有國民的生存、財富、體力與智力創造最佳的發展條件，道理很清楚，國家為全體國民謀取發展，就等於為自身謀取發展，由於國家代表著所有個別人格的整合，因而除了為全體國民創造最佳發展條件之外，也沒有其他方法能夠推動國家自身的進步。

這樣的運作法則源自於國家的概念，也不是任何國家當權者得以任意改變，所以會成為國家行為的原初任務與運作法則，換言之，就是國家的基本原則。

但是要如何達成這個原初任務與最高目的，透過什麼途徑實現這個基本原則呢？

國家作為一個自主的人格，它本身就是一個有機體，有機體必須經營自身的永續生活，這同樣是不變的事實。國家是由許多的部落、村鎮、縣市、行省所組成，這些組成區域也都有各自專屬的生活型態。依據人格的作用方式，國家的意志是透過有機方式共同協力做出決定；為了貫徹意志，國家擁有武裝力量以強迫個別意志的服從。

由於國家本身代表「人」的生活最高形式，我們因此得以推論，為了讓每一位國民以及所有區域都能夠參與國家意志的建構，都能夠成為國家人格有機體的某種功能，就必須在所有國民的現行生活中注入更高度、更自由、更富變動力量的新元素，這個新元素對於所有個體而言，單以己力又不可能自動實現。如果能夠讓所有國民參與國家意志的形成，將使得所有國民得以脫離原本狹隘又自我設限的個別生活範圍，因此，參與國家意志的形成，就成為每位國民建構

人性尊嚴與強化個人力量的基本條件。

　　如果國家將所有國民的最高發展狀態設定為自身基本原則的實踐，首先就必須促成所有國民以有機的方式參與國家意志的形成，更抽象的表達，國家有機體必須建立並串連自身精神生活與國民個別意志的一致性。國家為了自身利益必須如此，因為整體的視野總是高於個體的視野；國家為了個別國民利益同樣必須如此，因為真實的向上提升必定有賴更高層次的參與；國家為了實現自身基本原則必須如此，因為個體的提升就等於國家的提升。

　　如前所述，促成每位國民參與國家內在有機運作的有機機制，也就是參與、決定國家意志的建構過程，我們稱之為**國家的憲政**（die Verfassung des Staates）。每位國民參與國家意志的機制，就是國民對國家所得主張的政治自由（Staatliche Freiheit）。因此，所謂國家的基本原則就在於建構一部適用於所有國民，保障所有國民政治自由的憲政，這也成為國家基本原則的首要條件與實踐形式，同時成為國家基本原則的首要內涵。

　　國家的意志，本文理解成具有自主性的個人，必然會有意志力行使的對象與範圍，當國家意志在它的行使對象上發生作用時，這個意志力就開始轉換成行動力，反覆運作的行動力，我們稱為國家行為。國家行為必定透過國家的有機組織（人的器官）發生作用，這就構成國家的外部生活，我們稱為**國家的行政**（die Verwaltung des Staates）。每個國家不論處在哪個發展階段都有它的行政作用。

　　依據國家的基本原則，國家必定被要求透過自身行為提

升所有國民，因此也可推論出國家行政的真實任務。如果行政的運作符合國家理念與人格發展理念，行政就必須以國家的權力機制促成所有國民的最高發展。如果行政將全體國民的永續生活內化成自身任務，它就達成國家基本原則所要求的原初且理想的權力運作法則。如果被行政忽略的國民生活困境愈多，愈是低度發展的行政；如果行政愈能運用權力提升國民生活，愈是高度發展的行政，這是國家基本原則的第二個內涵。

如果上述分析正確，國家基本原則具有的雙重內涵：憲政與行政，就不是一種得由國家主政者任意選擇接受與否的原則，而是基於國家本質必然發生的絕對原則，所以國家必須致力於基本原則的實現，即使表面上沒有這樣的政治意願，或者欠缺這樣的政治知識，實際的權力運作必定依著既定軌跡，邁向前述基本原則，因為這就是國家的本質，更是國家的作為。我們繼續推論，即使目前運作良好的國家不代表永遠如此，國家也可能有死亡的情況。國家的死亡指的是憲政與行政不再以國民為依歸，不再以國民的目的為己任，國家只為自身存在，只為自己的人格當作發展的目的。專制的國家，當它遠離前述國民發展目的時，必定以相同的離心力快速解體。只要在憲政與行政權力運作中還保有國民目的當作更高目的的國家，就必定展現較佳層次的生活與展望。這種更高層次的國家目的有可能在憲政範疇完全消失，只在行政範疇運作，歷史上就是所謂的開明專制（erleuchter Despotismus），但是，基於憲政與行政必定相生相隨的原理，所以開明專制後續的發展，或者像日耳曼城

邦與諸侯國一般，從行政經驗再推生出一部自由的憲法，又或者行政就停止運作，形成一種發展停滯的死亡狀態。如果在共同體的生活中能夠以憲政與行政的運作形成統一力量追求國民生活圓滿的目的，這就是真實國家理念的展現。換言之，當共同體或者其中一部分的國民或地區需要協助時，它們必定尋求國家的協助，國家依據自身有機體本能上的感覺，或者國家依其目的必定督促自身用盡全力協助被壓迫者，因為當個體受難時，國家同受其難；國家提供協助時，也等於協助自身脫困。

以上分析的現象，也足以作為歐洲近代國家（19 世紀）興衰史的佐證，它其實深刻支配著國家歷史的發展。在所有國家政體之中，君王體制是擬人化國家自主存在最直接明確的體現。它的興起背景在於國境內被壓迫族群爭取自由的需求，它的最高權力源自於被壓迫族群最自然的擁戴，當它的權力運作符合上述國家理念時，也是國家政體最穩定發展的時代，當它偏離國家理念的軌跡時，國家政治秩序就陷入混亂，甚至面臨被推翻的局面。國家的歷史建立在這個原則上，國家的未來亦復如是。君王體制的真實歷史發展必定緊扣著前述國家基本原則，不論君王體制曾經遭遇過的內在挑戰，或者曾經展現過的治理功績，都只不過是這段說明的例證而已。即使當代法國政治社會史，這也是本書寫作的依據，也能夠提供足夠的證明。以上的說明對於專家學者已經相當清楚，我們再回到國家基本原則的說明。

依據國家的基本原則，我們已經可以推論出完整和諧的國家理念，要整理出一部絕對完善的憲法，以及關照全面

的行政，這都不是難事。但是為什麼鮮少國家真的能夠實現這個完整和諧的政治秩序呢？是什麼力量將它帶往相反的方向，在它應該向前的時候，卻又面臨重重阻礙呢？很顯然的是，當這些狀況發生時，必定不是源自於國家，當國家依據自身理念運作時，就不可能出現與自身本質相反的現象。這些相反的現象本文已經分析過，那就是社會。如果社會是相對於國家的概念，那麼它也有自身的基本原則，這個基本原則又有什麼內涵呢？

## 社會的基本原則

　　千百年來許多偉大的思想家都思考過國家的原則，卻沒有人思考過是否存在著社會的原則。如果不將社會設定成一個由人所構成的整體，又如何能夠歸納出它的發展與變動原則呢？

　　然而社會的事實正是一個完整存在的整體，過去對它的研究困境也在於此，透過這個基本原則的探討，將使得前面章節分析的社會概念有了動態的內涵。

　　社會有機體的概念同樣基於個人人格的發展需求，社會的存在同樣為了滿足個人的目的及其完整且圓滿的發展。然而，當國家為了這個目的成為所有國民人格的統一體時，社會秩序卻形成人際間的上下差異；當國家透過憲政與行政的整體機制達成個人目的及其生活圓滿時，社會秩序卻以人際間的支配關係達成相同目的。因此，所謂的社會秩序，基本上就是個人與其他個人之間的**人際互動關係**，這個關係也構

成所有社會發展與變動的基礎[3]。

　　由於個人單以己力是不可能達成自身的目的，為了持續發展，必須借助他人的力量，而且運用在自身目的的實現。依此推論，愈能驅使他人聽命於己、為己服務者，愈是富有、強勢與幸福。我們還能再補充第二個論點，這個論點雖然在此只做初步分析，但是本文認為對於知識分子已經足夠明確。那就是我們一般泛稱的「滿足感」（die Befriedigung），其實就是一種填補欠缺以充實需求的感覺，所謂的「幸福感」（der Genuss），就是能夠認知到這種滿足的狀態。若要問個人目的是否達成，最實際的表達方式就是滿足感與幸福感，這兩者代表我們的人格對於客體的實際支配程度，它們同時標示出我們需求被充實的過程中，個人目的的實現程度，滿足感與幸福感的程度愈高，代表目的的實現程度愈高。接著呈現的就是人際互動的真實現象，最高度滿足的需求，以及最直接認知的幸福莫過於能夠支配最高貴、最自由的客體，這個客體就是一個人的人格。因此，我們得以合理推論，所謂的財富規模通常建立在能夠支配的人力多寡，所謂的權力高低通常建立在依賴這個權力的範圍大小。我們可以將上述分析歸納成這句話，要達成人的目的，關鍵在於一個人對另一個人提供的勞務；若要達成愈大規模的目的，求得更完整和諧的滿足，就必須支配更多人的

---

3　社會秩序是建立在人際之間的互動關係，經濟秩序則是建立在人與自然的互動關係。國家透過憲政與行政的整體機制達成個人目的，社會秩序則以人際間的支配關係達成相同目的。這種經濟與社會，社會與國家的二元論（Dualismus）是史坦恩理論體系的基礎。

勞務。人格發展的法則明白告訴我們，每個人都必須支配他人勞務供做自身發展。

　　支配勞務卻以依賴關係為前提。所謂的依賴，是指一個人的生活處於另一個人的生活之下，依賴關係的建立，則是依據占有何種條件（或機制），以迫使一個人屈居於另一個人之下。由於依賴者對於支配者而言，是後者意志與力量的擴張，擴張的程度就成為支配者達成自身目的的條件，因此在人的共同體中，如何獲得這個條件（或機制）以促成人際之間的依賴關係，就成為每一個人的生活目的，這個生活法則既不是偶然形成的，也不是隨意造成的，而是一種必然形成且無從迴避的法則，掌握這個條件（或機制），以及由此產生的依賴關係，才足以達成個人最高目的的實現。這個法則的真實性每天都在日常生活上演，之所以不那麼被討論，因為它是那麼的自然而然。

　　依據上述分析，勞動、財富與依賴關係將共同體轉換成社會，這些概念也在社會生活中有了真實的意義。它們不再只是單純的生活事實，反而成為個人發展的必備要素，社會本身也不再只是人際之間的生活秩序，這個生活秩序清楚標誌著人際之間上下差異的發展階段。社會及其構成要素也因此成為一個必然的組織型態，更清楚的是，為什麼每一個人在社會生活中必定無所不用其極的提升他的社會地位，因為這個看起來屬於身外之物的社會地位，對他而言卻標誌著自身完整實現的程度。

　　因此，在每一個社會中，如何獲得這個使自己獨立、他人依賴的條件（或機制），就成為每個人都必須積極認真採

取的行為，這樣的行為正是促使社會變動的力量。不同的人在不同的人生階段自然會有推陳出新、與時俱進的方式。然而，這些行為的本質都在於行為人清楚的意識與認知到這個事實：每個人都應該為自己創造生活圓滿的條件、同時創造他人對自己的依賴關係。這個促使所有人對外展開行動、時時支配生活秩序、提升社會地位的意識與認知，我們稱之為**利益**（das Interesse）。利益位居人際之間生活秩序的核心，主導個人對外行動的力量，促使社會變動的關鍵，因此構成社會的基本原則。

如果透過財富分配所形成的依賴關係構成社會穩定的上下結構，那麼利益就是社會產生變動的原則。就像國家基本原則內含憲政與行政，再據以構成一個完整體系，利益的概念同樣內含自身的體系。

首先，透過財富分配使得有產者的階級利益與依賴者的階級利益形成直接的對立，有產階級必定設法擴大並鞏固依賴關係，無產階級必定設法擺脫依賴關係。這樣的矛盾是任何社會的普遍現象。形成這個現象的原因在於社會的財富分配條件，以及如何處理依賴關係。在土地財為主的財富分配，有產者的利益建立在土地的不可分割與不可失去，無產者的利益就在於增加土地分割與取得便利的可能性。在資金為主的財富分配，有產者的利益在於他的資本能夠涵蓋最大規模的勞動力，這個勞動狀態並且構成自身資本利得的基礎。在生產財為主的財富分配（工業生產），有產者的利益在於調整或壓縮勞動與薪資，以使得產品利潤完全流向企業經營，勞工的利益則不僅限於薪資本身，他還期望能夠分配

產品銷售利潤。當以上三種財富類型同時存在時，個別財富彼此之間又會互相衝突，土地財的地主不願意依賴資本家，資本家更不願意受制於地主，同樣的衝突也發生在資本家與工業生產者之間。即使在個別財富類型所形成的階級關係中，大、小規模財富者彼此之間同樣產生利益對立，因為前者總是企圖創造後者的依賴關係。財富種類與勞動型態彼此之間愈是多元交錯，利益愈是多元呈現，更難以文字或語言完整呈現。然而利益的體系則是毫無疑問的如上所示。

我們在此希望呼籲讀者環顧周遭的世界，觀察之前，本文再做一些提醒。本文前段分析的目的在於，清楚的呈現一個相當重要、然而文獻上卻未能完整釐清的利益概念，當代（工業發展）的歷史已提供我們相當的素材，因此這是我們無可迴避的任務。如前所述，利益的體系足以發展成一個清晰且完整的知識領域，這個建立在社會概念及其運作原則的系統知識，正是建構社會成為一門獨立學術的首要領域，利益理論必定構成當代社會學術的基礎，建構這份認知的目的則是在更抽象範圍上能夠成為國家學的基礎知識。關於這點，我們請求所有讀者放眼四周並且捫心自問，所處的社會秩序是否真的隨處可見利益造成的影響？當一些社會注目事件發生時，讀者是否能夠注意到事件背後，利益體系對於社會秩序產生的破壞與混亂後果？這些眼前發生的問題是否總是能夠歸因於有產者與無產者的某些特定利益？即使在單一階級之中，也都能夠歸因於某種特定的財富與勞動關係？任何人只要曾經認知到利益的作用，就能夠清楚掌握本文前後論述的理論脈絡，這個效果遠勝過千言萬語或者實際案例所

呈現的圖像。

果真如此，本文接著提出以下相當重要的論點，讀者們也就不難理解。本文曾經分析國家的基本原則在於提升所有個體到最完整的自由，亦即完整的人格發展自由。前述社會的基本原則卻明白告訴我們，社會秩序造成人際之間的上下差異，一個人的人格完整是建立在另一個人的依賴關係上。接著應該如何推論呢？

絕對是這句話，**國家基本原則與社會基本原則處於直接的矛盾對立**。本文在前段章節曾經相當抽象的提出人的共同體存在著兩個對立的現象，彼此互相對立與衝突，在此得到完整且真實的說明。國家與社會，這兩個對立的現象構成共同體的現狀與變動，原因就在於基本原則的矛盾對立，換言之，要掌握人的共同體及其變動路徑，就必須完整認識這兩大要素所展現的本質與力量。正由於共同體存在的兩個對立現象具有高度抽象性與普遍一般性，所以這種對立現象不是僅限於特定時代或者特定空間，而是無所不在並且與時俱進，這種對立關係也足以詮釋共同體任何階段的生活狀態。如果以上分析正確，那麼我們當下所處的時代必然面臨兩大現象矛盾對立的巨大拉扯，法國大革命之後的政治變遷就是這個論點最佳的歷史佐證。

接著必須要問的是，國家與社會的矛盾對立是否代表兩者單純的否定對方呢？如果真是如此，唯一的可能就必須兩者分別建立在絕對分立的基礎上，並且在人的共同體之中形成絕對的對立。然而，事實並非如此，甚至完全相反，因為兩者都源自於**人格自由原則**（Prinzip der Persoenlichkeit），都是基於人格自由建構而成的兩個差異體系。兩者的存在與變動雖然呈現出矛盾對立的現象，它們其實彼此不分，所採取的任何行動都在於實現共同的上位目的，因此，兩者的矛盾對立將會依循這些特定的上位法則，並且依此法則產生變動，形成社會與國家的歷史。

如果國家與社會的矛盾對立構成共同體的現狀與變動，那麼主導國家與社會互動的上位法則必定構成共同體的法則。這些特定法則不僅能夠定義過去，也能支配未來的歷史。這些特定法則就是共同體追求自由的必然規律，同時構成人類追求生活變動的基本模式。

為了掌握這些法則，我們必須進一步探討前述矛盾對立的本質，及其所產生的後果。

# 第三章　不自由的形成與概念

## 不自由的起點

　　我們必須特別強調，接續的論述並非針對某種特定的國家體制，也不在於回答所有與國家政治相關的問題。我們分析的是國家的概念，這裡的國家概念專指倫理意義的實踐（die Wirklichkeit der sittlichen Idee）[1]，在這個前提下，後續的論述才有意義。

　　任何透過二元對立達到統一，這種對立的本質都在於，其中一方必定用盡全力企圖取得支配另一方的地位。如果國家與社會處於矛盾對立，那麼，基於這個單純的對立關係，必定會產生某種變動力量，變動的內容在於其中一方企圖壓制另外一方。這種變動力量則形成共同體外在顯著可見的生活現象。變動的過程就在於對立要素的本質中。

　　依據人格概念建構而成的國家倫理目的，國家具有的普遍人格自主概念，代表多元存在的個人人格的統合狀態，在國家生活之中不存在個人間的差異。在純粹概念的演繹中，任何個人在國家權力之下與其他個人之間都是平等且自由的。

　　儘管國家是依據前述自由原則及其普遍人格自主狀

---

[1]　倫理指的是圓滿的生活秩序，黑格爾在法哲學原理中就分析三個層次的倫理關係：家庭、社會、國家，德國唯心論通常將國家理解為永續的倫理關係。

態，然而，構成一個國家的國民全體，卻等同於構成社會秩序中個別人格的集合體。不論是社會的概念分析，以及實際發生的社會生活，發生在其中的上下差異的現象卻不可能理解成、更不可能轉換成平等的秩序。我們所觀察到的社會互動關係，則是普遍存在而且永不改變的支配階級與依賴階級的現象。

　　基於上述分析，在任何國家之中，由於都內含社會生活的事實，因此都存在國家原則與社會原則的矛盾對立。所有的國家生活都具體呈現這種矛盾關係，每一個國家都擺脫不了，也必須時時對抗。因而，任何國家都必定面臨這個問題，亦即國家是如何與社會的要素產生互動，社會的要素又是如何進入國家生活。

　　如前所述，國家的財富、權力與繁榮都是建立在所有國民的安居樂業之上，在這樣的社會秩序中，即使社會支配階級或者上層階級的存在，都與國家追求強盛的理念和諧而不衝突。甚至國家本身也必定希望這些階級的無所不在，這些階級與成員代表著人格發展的外在理想狀態，國家必須保護他們、維持他們的利益。

　　然而，同樣不變的是，依賴階級的狀態卻與國家理念互相衝突，依賴狀態會使得國家自身也產生依賴現象，如果處於依賴狀態的國民人數攀升，國家本身同樣等比例的受限、受困，我們馬上就會看到，國家到底依賴誰。在這裡我們可以確定的是，如果多數國民無法發揮自身天賦，無法達成自身發展目的，那麼國家就不可能充分完整的發展。因此，國家必須設法提升依賴階級的生存狀態，因為，與國家

理念發生衝突的並非社會本身及其支配階級的存在，而是依
賴階級的存在及其不自由的發展狀態。

　　國家作為一個擬人化並且認知自身目的的有機體，具有
意志力與行動力，必定會以其自身勞動解決上述矛盾與發展
困境。依據國家基本原則，解決的途徑就非常明確。我們已
經分析過國家原則的實現在於憲政與行政，因此，當國家面
對下層階級的依賴關係，提升的途徑首先在於，以憲法明訂
平等權與平等原則作為最上位的公法規範；其次，以行政行
為的核心目標與行動方案具體提升下層階級。我們在此不用
詳述具體的制度與法令，針對原則的分析已經清楚明確。

　　由於社會秩序的存在總是建立在依賴關係上，因此，任
何源自憲政與行政的具體制度與法令，基本上都與社會秩序
的運作背道而馳，尤其牴觸**支配階級的社會地位**。在這個關
鍵點上，國家的作為遇到反作用力，在這個反作用力上造成
了國家原則與社會原則的對立關係。如果國家的憲政制度與
行政作為達成目的，就代表支配階級必須失去原本擁有的支
配優勢，以及相關的滿足感與幸福感；更大的隱憂在於，支
配階級通常位居財富關係的上層，為了提升下層階級，甚至
會失去已經擁有的物質基礎，連同原本賺取財富的各種優
勢與權益。支配階級依其本質竟然成為純粹國家理念的真實
對立者，因為國家理念的出現才真正危及支配階級的支配利
益，不論兩者內在本質的分析或者歷史事件的佐證，都能夠
給我們足夠的啟發。

　　在國家理念與支配階級對立之後，接著會產生什麼後
果呢？簡單的一句話：因為社會上層階級既無能改變國家理

念，也無能撤銷或對抗國家公權力，為了避免發生國家理念危及支配階級的各種後果，支配階級必定想方設法**掌控國家權力與機制**。這就是國家與社會兩者發生變動關係時的第一個自然而然的法則。

## 社會支配階級如何掌控國家權力

　　一個眾所周知的事實，大多數人對於重大事件的發生總是忽略其中關鍵的規律與法則，因為人們通常只會注意事件的現象，受到這個刺激再採取相對應的行動。關於國家歷史的變動尤其如此。由於人們在短時間之內只能看到國家政權支配現象的轉變，卻忽略支配現象背後隱藏的權力關係（die Macht），而這個權力關係才是真正重要的關鍵。

　　如前所述，社會支配階級為了自身利益必定圖謀掌控國家組織與公權力，那麼接著的問題是：國家本身是否具備足夠權力以對抗支配階級的力量；國家本身如果不具備這樣的權力，支配階級又會透過什麼方式實際掌控國家。

　　由於支配階級是個永恆存在的現象，而支配階級追求自身利益極大化同樣屬於事物本質的必然，因此，關於上述問題的答案不會是某種偶然形成的論述，也不會是特殊個案的分析，它應該是某種必然形成的、立論清楚的、反覆發生的國家社會互動關係。

　　我們所要呈現的法則確實是在任何時代與任何條件下支配國家公權力的運作，這同時也構成共同體的歷史變動概念，以及國家社會矛盾對立關係的主要內涵。因此，我們對於上述問題的處理不再只是依據歷史事實，而是依據國家與

社會的本質進行分析。我們首先處理第一個問題：國家本身是否具備足夠權力以對抗支配階級的力量。

在國家擬人化的理解下，每個人都具有的人格概念代表自身的完整自主，那麼國家的原初狀態也就是這種純粹的概念及其代表的完整自主。國家的概念及其完整自主原本都是一種抽象的存在。它本身不具備特定的形體，不限定某種特定的國家政體，也不以特定的形體表達自身的存在。對於個體而言，國家的意義只在於，每個人必須要有國家的這個必然性，任何個體都需要更大權力的保護，都需要更大意志力的展現，以及最大行動力的實踐。如果國家的存在要從抽象到實際，他就必須透過實際存在的個體以達成自身的實際存在，換言之，它必須依據已經實際存在的個體建立自身的組織型態。

這個具體又實際的個體卻是生活在社會之中，而社會的運作又深刻主宰個體的地位與發展。由於國家意志的形成，以及決策的執行必定交付個體落實，所以社會生活無可避免地將會置入國家生活，那些參與國家生活的個體都會帶著自身的社會期待與社會願景置入憲政與行政的運作。由此推論，國家理念在任何實際運作的國家體制之中都不會以純粹理念付諸實踐，因為原本應該展現實際國家生活的整體精神（der ganze Geist），自始就混合著社會要素及其影響力。

如前所述，社會支配階級必然為了自身利益掌控國家公權力，而國家公權力的落實又必然交由原本就生活在社會中的實際個體，因此，第一個問題：國家本身是否具備足夠權

力以對抗支配階級的力量，答案已經清楚浮現，基於國家必定透過具體個人執行公權力，這些個人都帶著既有的社會地位，不論執行何種公權力，這些個人或者屬於支配階級，或者屬於依賴階級，所以，國家根本不可能置身於社會運作之外，同樣不可能擺脫主導社會秩序運作的各種要素與力量。正因為國家對於社會的這種內在連結，以及無法排除的相互影響，所以國家注定失去所有權力，自主的對抗支配階級蜂擁而上的力量。國家依其概念雖然位居支配者，實際上則屬服從者。依此推論，當社會階級彼此之間的支配狀態愈明確與強烈，國家必然依循相同比例與相當程度深陷單向的服從狀態。

前段分析對於觀察國家公權力具有高度重要性。如果分析結果是真實的，我們就應該拋棄那句耳熟能詳而且習以為常的主張：國家應該有能力對抗社會，國家應該有能力改變社會。前段分析明確告訴我們，關於自由與不自由的變動關係已非國家自身所能決定，自由與不自由的問題必須合併觀察社會生活的權力關係。同時清楚指出，**社會才是自由與不自由的真實源頭**，以下的分析則是延續這樣的觀點。

我們已經說明國家理念的有機內涵為憲政與行政，如果支配階級無所不用其極的圖謀掌控國家公權力，他們必定在憲政與行政這兩大領域中，將支配力量轉換成權力組織與機制，以確保對於國家的支配作用。這個必然發生的結果，將依據以下的途徑與步驟逐漸落實。

憲政的概念是指國家表現意志的有機機制與有機形式，依據憲政的機制與程序使得多元的國民意志得以建立統

一的國家意志。如果要讓國家意志屈服於社會之下，就必須調整憲政的有機機制，以完全排除依賴階級參與國家意志的建構，或者造成上層支配階級的意志完全壓制下層依賴階級的意志。

它的方法就在於，不再依據平等的個別人格概念作為參與憲政的權利基礎，因為平等原則根本不符合社會地位的上下差異，必須重新調整參與憲政的**條件**，這些新條件的規定必定都納入上層階級得以掌控的權力範疇。

所有可能的條件中，最簡明又容易理解的條件，據以清楚呈現如此的憲法規定，而且又能清楚區分社會的階級差異，這個條件就是**財富**（der Besitz）。用來包裝財富條件的制度，以清楚表明財富差異作為參與國家意志的基礎，就是**選舉等級制度**（der Zensus）。所有憲政的開端都是選舉等級制度，然而隨著憲政的社會性格愈來愈強烈，憲政變動的焦點還是回到同樣的制度[2]。從法國大革命之後的政治變動過程尤其能夠應證這個論點。

然而，要說明參與具體憲政運作的必要條件與形式，選舉等級制度還是不如財富本身來得清楚明確。作為參與憲政的條件，可能是特定種類、特定規模的財富，也可能是特定的精神財富成為新選舉制度的依據。國家歷史的發展過程中，決定某種財富種類或者財富規模得以參與國家意志的建構，這個議題本身就構成國家的憲政歷史：**不同的財富規**

---

2 民主共和制的憲法似乎也難逃選舉等級制的現象，民主選舉幾乎等同商業活動，不同等級的選舉等於不同規模的金錢投資，資本不僅主導選舉，甚至養養政治人物，這只是選舉等級制的轉換。

**定實質上決定著不同時期的憲法內涵**。透過社會秩序與憲政制度之間的內在連結所做的推論，對於憲政歷史的發展軌跡，總是有一定的說服力，那就是如果一個社會的支配階級與依賴階級能夠依據特定種類或者特定規模的財富做出區分，那麼關於哪種種類與規模財富作為參政的條件，就不會是個隨機任意的決定，一定是資產階級據以建立支配關係的財富種類與規模，才真正決定參與國家意志建構的合法條件。更清楚的例子，我們只要回顧過去地方諸侯的憲政原則，通常都只會依據特定的土地規模以決定貴族成員參政的權利與榮譽，法國大革命之後的歷史提供同樣的例子。

以上就是社會支配階級在憲政之中所建立的國家支配關係，透過這個原則據以掌控國家公權力，也依此原則維持公權力的運作。

國家生活的第二個領域就是行政，行政涵蓋的事務範圍遠大於憲政。行政的概念係國家意志（憲政）建立整體國家內在自主性的有機機制，國家意志以行政的有機體掌握國民生活的多樣性，並且依據國家意志所設定的目標進一步規範國民生活。因此，行政有機體的運作最能夠展現普遍且永續的國家功能。儘管這些功能在國家的發展階段中會有簡單或複雜的差異，但是在本質上則是前後一貫的。國家功能的執行有賴於國家意志同意下的常設機關，這些機關以國家之名運作，因此每一個機關的行為都代表完整的國家公權力與國家主權。機關的任務（職權）通常是特定範疇，當國家有機體的領土與治理愈廣泛，行政機關的分工就愈詳細。在機關任務（職權）的範疇內，行使公權力就有國家授予完整的自

由與權力，針對具體個案得以自主裁量以落實國家意志達到
具體的規範作用。所以機關擁有相當大的公權力，行政整體
來看可以說是共同生活體的最大權力。

　　上述國家權力機關以執行具體的規範作用，這樣的權力
作用共同構成行政機關的概念（das Amt）。國家的行政管
理功能就透過行政機關分層落實。所以行政機關就代表擬人
化國家基於憲政機制形成的國家意志得以向外而且實際展現
的自主性，簡言之，就是擬人化國家支配外在世界的有機機
制。

　　如果社會支配階級要掌控國家公權力，就必須進一步掌
控行政機關，以達成支配國家的行政。

　　掌控行政機關的方式，一般而言在於人事安排，機關任
用公務人員是依據個人所具備的條件，只要將任用條件限制
在支配階級成員才能具備的條件，這樣就等於由支配階級決
定任用條件，類似掌控憲政的過程。只不過支配階級不會只
停留在任用條件的層次。上述機關的人事制度當然是基於整
體支配階級的利益，而利益的擴張更是每位階級成員的核心
利益。所以當支配階級能夠掌控行政運作之後，個人利益就
會隨之出現在每一件公權力行為中，接著發生的就是行政機
關的人事安排將會依據人際關係、親屬關係、財富關係、
權勢關係等各種裙帶關係。依據分析的結果，只要憲政被掌
控，接著就是行政。在這樣的規律下，支配階級得以初步掌
控國家行政的組織與運作。

　　經過上述過程，支配階級基本上已經掌控國家行政，行
政機關的實際作為或者行政的實務，都已經無從擺脫社會支

配的影響，也無能自主的代表真實的國家理念。行政機關屈服於支配階級所掌控並且也符合憲政意志的立法權，機關的人事安排又被支配階級的裙帶關係與階級利益所左右，行政機關根本在為支配階級的權力而服務。到了這個時候，我們所看到的真實現象是，整個國家公權力不論是整體或者個別領域，已經不再為整個社會或者全體國民服務，而是落入社會支配階級的權力關係中。

以上分析的就是國家與社會變動關係初步呈現的內容。但是很顯然的，支配階級不會就此滿足。如果我們仔細思考上述過程，支配階級對於國家公權力的掌控還只是一種**防禦性、負面的**行動，這種負面行動的目的只為了排除依賴階級與國家公權力之間的連結，以防止國家理念被用來限制支配階級發展自身利益。然而國家公權力原本能夠發揮更廣泛的作用，它不僅能夠應用在危險防治，還應該發揮更正面的、開創性的作用。因此，當支配階級掌控國家權力之後，便會在國家生活之中形成另一種變動現象，他們開始充分運用國家公權力，進一步積極開創支配階級本身的**加成利益**（positives Interesse）。這個階級利益的開創行為固然有許多不同的表現方式，但是仍然有其固定的規律與法則。

## 社會支配的完整實踐：社會支配的法制、社會階層及其法制、種姓制度

以上分析的國家發展狀態並非國家固有的宿命，而是基於社會本質所產生的結果。支配階級之所以能夠掌控國家公權力，權力的基礎在於社會生活關係。一旦掌控國家公權力

之後，如果要運用公權力以創造更大的階級利益，就必須將公權力應用在強化自身社會地位，因為支配階級正是透過這個社會地位逐漸掌控國家公權力。社會支配的積極行動才是真正主導著支配階級的實際作為。

由於國家公權力是由憲政與行政共同組成，這兩個公權力機制又服從支配階級的利益，必定造成法律的訂定與法律的適用都由支配階級依其社會支配利益所決定，社會層次的支配利益實質上構成政治層次支配權力的基礎，換言之，不論憲政或行政的公權力，都被用來維護與創造支配階級的社會地位，而這個社會地位正是支配階級的支配權力以及依賴階級的依賴關係之所以發生的源頭。

以上所分析的是每一個國家公權力的運作原則，在其中展現單一社會階級是如何獨占國家公權力。觀察這個原則的運作，總是能歸結到某種社會秩序賴以形成與維繫的基本元素。如果對公權力運作原則都能夠如此的分析，才能夠真正認知清楚不同社會階級彼此之間真實的互動關係，這些都會如實的呈現在不同社會階級與國家公權力之間的互動關係。因此，我們希望繼續深入分析那個主導社會秩序的基本元素與法則。

上下階級間的依賴關係主要建立在財富規模的區分。任何的財富都是自己勞力得來的，但也可能被其他人的勞力換走。如果財富的獲得對於依賴階級是個開放的機會，就可能危及支配階級的優勢，以及他們對於國家公權力的掌控。為了確保上述支配優勢與社會秩序現狀，就必須確保現有的財富不會被無產者的勞力瓜分。唯一的方式，必須設法避

免這類財富被他人獲得，最好是完全控制各種獲取財富的可能。這只能透過法律制度，首先針對最原始與最容易維持的財富類型，那就是土地財的不得買賣與不得分割，或者強制規定土地買賣與繼承權利只限定在支配階級成員之間。透過這個方式就形成長子繼承制或者類似的財富分配制度。

然而其他大部分的財富依其本質是不可能完全排除基於勞動獲得的機會，尤其是透過各類型商業經營所形成的資本財（der Kapitalbesitz）。資本財能夠透過勞動獲得，任何的勞動依其特性都在於獲得某種資本財。這裡有個最簡單的方式以限制勞動，同時限制勞動獲利的可能，並且透過法律完全排除依賴階級從事這類勞動的可能。這個簡單的方式就是職業行會、職業特權、獨占行為等規定。如果因為職業自由必須開放限制時，又會有其他方式取而代之。這是一個眾所周知的經濟法則：勞動必須透過**盈餘**才能累積成資本。資本財之所以需要掌握盈餘，在於維持資本對勞動的支配關係；而勞動之所以需要累積盈餘，在於打破資本財與勞動之間的重重障礙。所以盈餘的問題正是國家行政權力介入社會經濟活動的關鍵，以透過公權力維繫現行的社會秩序。行政權將勞工置於雇主的指揮監督之下，並且宣告勞工若以罷工方式強迫雇主分配盈餘的行為為違法。這樣的管理措施，我們簡稱為勞動警察（勞動管制），這套法律制度的重要性並不亞於上述職業行會、特權與獨占的法律制度。

上述**土地**與**資本**的兩種法律制度正足以展現上層社會階級對於國家公權力的支配特質，我們簡稱為**社會支配的法制**（das Gesellschaftliche Recht）。這類型的法律制度源自於

社會生活的本質與需求，再以自身的法規範效果回頭主宰社會秩序的發展，以阻礙階級流動的方式固定依賴階級與支配階級的上下關係。這個對於整體生活如此重要的法制，卻在學術領域中未占一席之地，只有透過社會本質的認識才會賦予社會支配的法制相當的時代意義。

　　我們進一步推論，由於社會支配的法制代表著支配階級掌控行政的結果，所以依據法制規範的內容也得以判斷支配階級掌控行政的範圍，以及掌控的程度。支配階級的權力愈大，愈能致力於法制的建立，階級成員更會堅定不移的貫徹執行，因為這套法制保障自身的支配權力。對於行政的支配愈久，這些法制愈能夠結構嚴密的深入規範，隨著社會生活互動緊密，經濟交易愈趨頻繁，所有的財富分配問題與決策都將落入這些規範機制，支配權力的組織型態也會愈趨完整。因此，社會支配的法制就是支配階級掌控國家公權力的顯像儀器，當代最重要的議題之一，便是從社會支配的法制認知到法制背後已經逐漸成形的體系性自主力量。

　　上層階級的自主力量與支配地位獲得確保之後，就會在階級成員的家庭生活層面開展出新的現象與法制，畢竟家庭原本就涵蓋在社會生活之中。階級成員所屬的家庭會將社會地位轉移到後代子女，在所有社會之中，家庭成員都是依據出生的事實與階級產生連結。上層階級的支配權力會設法將出生的事實包裝成某種法制，使得階級成員單純依據出生便連結到階級的社會地位，原本的物質條件反而成為其次。這種發展與轉變一開始都只是事實與現象，在成為法律制度之前，必定歷經長時間的習慣法與習俗體制。然而只有透過

法制化才可能將偶然的拘束力提升成普遍的拘束力，由此形成的法理明白規範出生決定階級，勞動與財富都只能在既定的階級範疇內發生作用，不會產生階級流動的效果。這個法理有了國家承認之後，就在階級的基礎之上形成**階層世家**（der Stand）的概念與法制，透過階層與世家的法律制度，使得某些人單純依據出生就連結到固定的特權或劣勢，不用再考量其他的社會條件如勞動、教育等，其他人同樣依據出生自始就被排除在這些特權或者劣勢之外。階層與世家的法律制度因此成為社會支配的法制的進階版，依據社會階層的法制，個人的所有努力與行動都會遇到一個絕對的限制，要與某種階級分離也已經超出所有人為能力的極限，而且國家公權力本身就在維護社會階層，因而透過社會階層的法制所形成的社會秩序是停滯不動的，優勢的社會階層藉著國家公權力對於劣勢階層將出現一種絕對不變的支配關係，透過上述過程，不僅優勢社會階層能夠持續掌控國家公權力，並且使得國家再無能力緩解下層階級的依賴關係。

儘管如此，在上述社會結構中仍然有一件事會對社會階層的支配關係造成危害。法律制度本質上還是屬於國家的意志，即使已經完全有利於階級與階層的利益，但是當國家政權改變時，隨之改變的國家意志仍然有可能造成法制的修正與廢止。如果前述支配關係要對抗所有可能的人間意志，社會支配的權力就必須超越國家意志之上，將自身支配權力的正當性歸因於超越人間意志之上的權力來源。

在這個問題上所衍生的概念將使得社會上層階級的支配權力達到顛峰。在擬人化國家的理解下，國家就等於最高

人格發展的概念，具有最大權力，權力的運作不受個體所左右，國家的抽象存在不以特定個體的存在為前提，它能夠自我創造，它的治理行為直接發生效果，同樣不受個體行為的影響，國家的象徵是神聖不可侵犯的。社會所認知的國家就是具有這般神聖的高度與普遍性，因此會服從國家的統治。但是經過上述分析，社會支配階級能夠掌控、主導國家公權力之後，自然而然就會自居國家權力的所有者，進而將原本國家所代表的神聖至上、不可侵犯的理念據為己有，並且使得社會支配的法制除了保障支配階級的國家地位之外，同樣享有神聖不可侵犯。在公共生活領域會出現的情形是，任何對支配階級的惡意攻擊等同於對憲政與行政的惡意攻擊，因為後者都已經納入階級利益。支配階級必定賦予這樣的政治優勢相當於國家公權力理念本身才享有的尊榮與敬畏，由於這種「社會化的國家形式」已經與永恆的國家理念合而為一，所以支配階級接著宣稱這種國家政體是一種神的律法，由於前述國家政體實質上源自於支配階級社會地位的表徵，所以這種社會差異本身也成為一種人世間的神權秩序。階級支配因此扶搖直上天際，它的效果遠勝於社會階層法制所帶來的影響，社會階層法制昇華為**神權法制**，任何個人如果試圖推翻社會差異，就等於牴觸神權的犯罪行為。到了這個程度，原本建立在法律制度的社會階層就到達顛峰，因為社會差異在天意與神權的作用下，受神權眷顧的階級已經成為種姓特權階級（die Kaste）。種姓制度與種姓特權代表著社會凌駕國家的絕對勝利，建立在種姓制度上的國家就是將社會層面的種姓差異與特權完全置入國家公權

力、國家法制、甚至國家理念本身，這種狀態我們就稱為**社會專制**（die absolute Gesellschaft）。

綜合上述分析，我們可以知道一旦國家權力被支配階級掌控，支配階級將會充分運用國家公權力以創造更大規模的社會差異，而且我們也知道這是循序漸進的過程，有一定的規律與法則，階級必定致力於創造有利於己的社會支配的法律制度，掌握法定特權之後再創造能夠利益世襲的社會階層，成為階層世家之後再邁向種姓特權，形成種姓制度，這個發展過程也可以說是社會差異下的自然本質，展現社會變遷的必然性，分別以特權獨占、社會階層與種姓制度構成單一階級持續擴大支配權力的自然過程。雖然他們的動機可能不同，有的是有意識、有目的的行動，也可能是無意識的自然發展，但是只要資產階級能夠掌控國家公權力以開創更大的階級利益，就必然出現上述規律性的自然過程。

然而這個國家與社會之間巨觀分析的變動法則，儘管相當部分源自於社會歷史事實的歸納分析，但是也得等到人們在實際生活經驗中能夠親身體會這些現象確實構成現實的社會，這些抽象分析的法則才會成為具有實益的社會理論。正因為它涵蓋整個社會發展史，所以不可能突然加速的發生在單一世代之中。就像大自然世界需要千百年才可能從一個世紀演進到下一個世紀，透過累積諸多自然現象，才可能出現我們所看到的生態景觀。社會生活亦復如是，在寂靜寬闊的巨流中總是反覆湧現出千萬個嘗試、生態、經驗、變化，但是目的則是永遠不變。依據天意運作的人間事務，重大的歷史事件總是分散發生，在個人生活層面也只能察覺到細微

的漣漪與波動。社會秩序的變遷從來就不是瞬間發生，變遷也不會在一個世代就完整落幕。社會變遷可能醞釀整個世代，完整呈現可能已經落在全新的世代。這是透過時間長河累積而成的變遷，所以每個個人都只能相當有限的摸索其中的軌跡，他之所以能夠安然生活其中，因為他只能夠認識當下的狀態，至於發生在整個社會層面的巨大悲哀，則不是任何個人能夠承受的沉重。因此，面對這樣的變動法則，任何個人的思想、意志與行動都顯得無能為力，即使有人相信以他個人的思想能夠加速發生或變動，相信以強大武力能夠維持現狀或者控制局面，但是面對社會變動法則都顯得螳臂當車。如果真有神力，就讓我們直接呼風喚雨跨越大海，或者當潮水順著大自然力量洶湧怒吼而來時，就直接讓它平息吧！但是，如果我們認知到社會變動法則，就能夠掌握它的發展脈絡，當無數的人們用無數種方式對抗社會巨變時，只要他們能夠掌握其中的法則，就能夠逐漸克服、甚至達到全面性的防治。因此，對於社會生活具有高度重要性的，就是確實認知這個導致人類不自由的法則及其各種現象，我們在此也進入社會理論的新領域，構成社會發展史的第三個領域。社會歷史的第一個原則就是前段分析的發展規律，從社會階級制定出社會支配的法制，從社會支配的法制再進化到社會階層的法制，從社會階層的法制再無限上綱到種姓制度。

　　這些都正在發生，我們在此也觸及當代歐洲社會的核心議題，那就是在同一個社會秩序通常同時進行上述四個狀態或者四個發展階段，對於歐洲而言，社會變動的法則也在

這個時間點具有相當現實的意義。正因為四個發展狀態同時
產生變動，所以整體社會變動總是混合著多元現象，如果要
瞭解其中某個議題，就必須掌握社會整體的發展規律。我們
目前看得到階級現象，例如資產階級與無產階級的差異；普
遍存在著社會支配的法制，例如職業行會、職業特權、土地
財的特殊規定；衍生出社會階層現象，例如貴族世家與平民
百姓的差異；也有類似種姓制度的現象，例如天主教神職人
員的若干特權。這些社會結構追求相同的權力目的，個別的
社會現象則努力實現下一個階段的優勢，個別的階級成員則
努力擴大既有的利益，即使沒有歸納出前述整體社會變動的
上位法則，仍然進行著這些次級體系的個別變動。資產階級
希望建立有利於己的社會支配法律制度，有些人要這種規
定，有些人要那種規定；一旦有了部分的法律保障，必定想
方設法擴大適用，確保適用效果，再創造新的法律保障。如
果達到了想要的保障，就會設計成後代子孫獨占的權益，並
且將這種獨占權益賦予顯而易見的優勢社會象徵，以連結優
勢的身分地位，這樣就產生世家與階層的現象；站在階層特
權的基礎上，再將階層的法制提升到足以超越國家立法的意
志，向上連結到天意，將階層的差異上綱到大自然神祕的法
則，成為社會秩序唯一真實的基礎，是人間具有神明加持的
無上地位，如此就出現種姓制度，例如傳統天主教將國家視
為教會的下層組織，當代天主教會則將國家與教會視為絕對
分離不相隸屬的組織體，教會組織自認為是平行於國家與社
會以外的組織體制。所有這些變動都同時發生在當代，所以
歐洲的社會生活顯得如此的型態多樣與變動劇烈。在這個真

實與虛假界線模糊、合法與非法互相掩護的年代，有些人在社會變動的亂世中失去了原本認為已經穩定的權力；更多的人則相信社會變動只波及特定個案，他們只是在某個個別領域觀察到這些命運的翻轉與鬥爭的進行，至於變動的原因也被過度簡化；大部分的人則根本不知不覺，認知不到社會變動法則的情形下，就被這個變動力量推著前進，有時在這股潮流中獲得利益，有時則遭致無情踐踏與打擊，被動無知的面對接續的發展。與社會變動相比較，沒有任何一種變局是如此的範圍廣泛、影響深遠又深具啟發，當代社會理論的低度發展使得我們無從認知可以從中歸納出多麼豐富的知識、多麼具體的實證資料以提供整體生活的發展依據。但是，可以確定的是，我們在此所呈現的正是主導整體民族生活兩大力量的其中之一，這個社會層面的生活雖然型態多樣卻能夠被歸納成上述法則，那就是所有社會秩序的變動都將依據這四個發展階段，最後的終點則是「**不自由**」（Unfreiheit）。

以上我們已經分析社會的基本原則及其特定內涵。這裡所呈現的是一個知識體系，也是一個歷史事實，有了這些認知，我們接著再回顧所有社會變動的起點，那就是人格的概念。

## 不自由的概念

人類有史以來對於自由與不自由的概念就一直處於認知混淆與爭論不休，勝於所有其他的概念。我們在此不打算持續深入概念本身做邏輯學的分析。但是，即使在法學與國家

學的領域對於自由與不自由的概念與本質也從未出現一致的見解。

　　之所以會有這樣的認知困難，原因在於人們向來忽略一個問題，那就是「不自由」是如何形成的。如果我們能夠理解事物的深層原因，就能夠針對相同事物而有更周延的認知。關於這個深層原因卻從未有人探討，也欠缺討論的能力與動力，因為人們從未清楚認知社會的概念。

　　如果我們將國家視為人格概念的最高發展狀態，這個擬人化國家的任務就是透過自身擁有的公權力，為所有國民創造最高的發展狀態，依此推論，國家的內在本質就是自由。所謂的自由也就是每個個體的**完整自主性**（die volle Selbstbestimmung），這同時構成國家的基本原則，因此，國家本身根本不可能是不自由的。在純粹國家理念的範疇中不存在不自由的可能，依據國家概念建構而成的憲政與行政體制也不會是不自由的。針對一個陷入不自由發展狀態的國家卻批判國家本身，這根本誤解國家本質，也倒果為因，真實的情況是，國家代表著人的自由，這也是倫理（die sittliche Idee）在人世間的最真實實現。

　　然而，當這個國家理念置入國家形體之後，也就是社會生活的面向，當國家的理念與國家的實際（社會生活）合一之後，社會秩序就會立即想方設法掌控國家公權力，這樣就出現完全不同的國家發展狀態。

　　社會的基本原則與階級的基本原則都在於利益，利益的核心內涵在於維護並提升現有社會地位。任何較優勢的社會地位卻都是建立在其他人所處的社會地位對這個較優勢社會

地位的依賴關係。利益的動力就在於不停的搜尋這個依賴關係、建立並擴大這個依賴關係。依賴者就必須提供勞動，並且提供勞動盈餘給支配者。因此，依賴關係剝奪依賴者的人格自主性，也就是依賴者的自由。社會的基本原則會造成一個階級的自主與自由，但是卻造成另一個階級的不自由與不自主。

當社會支配階級掌控國家公權力，繼而為自己創造特權、階層利益與種姓制度，並且依自身利益設計憲政與行政的運作之後，支配階級依循這個路徑將自身特質置入國家之中，基於這個特質，國家公權力的運作就產生一個與其自身理念相衝突的元素，它將以公權力訂定法制保障依賴關係，然而它的本質卻應該積極緩解依賴關係。國家將為另一種權力服務，這種權力卻與國家自身原則與目的直接牴觸，國家不僅反轉自身本質，成為自我矛盾的現象，它的意志（憲政與法律）也不再是真實的意志，國家的本質與原則就此消失在依賴關係中，並且以其法律制度埋葬自身理念，以法律制度維護階級支配的合法性與正當性，導致階級利益支配人格發展自由的無限性，國家自身因此成為**不自由**。

以上就是不自由在概念層次的說明。不自由之所以產生的原因，就在於國家公權力被迫為特定社會利益服務。所謂**法律層面的不自由**，就是國家將特殊利益的支配關係置入法律制度，反對特殊利益的支配關係就等於違法，如果沒有法律的掩護，這種支配關係原本就只是一種生活事實，每個人都能夠致力於改變它。所謂**政治層面的不自由**，就是特

定社會階級能夠除外的獨占國家公權力。國家不自由的概念兼具這兩種情形，依此推論，憲政的不自由就是指除外獨占國家公權力，或者階級支配關係已經獨占國家組織的分配權力，並且獲得法律制度的保障。不自由的狀態專指這種依法運作的依賴關係，如此應該清楚呈現不自由的原因與不自由的所在。不自由的原因固然在於社會生活所形成的依賴關係，但是依賴關係本身是自然現象與生活事實，之所以成為不自由就在於透過國家的權力作用被設定為憲政原則。因此，關於自由與不自由的認知混淆，原因不在於國家的概念，而在於社會，以及社會與國家的互動關係，如果要正確認知真實的自由與不自由，以及對抗不自由的有效途徑，關鍵點在於，充分認知國家法的核心議題，那就是憲政的「理論」固然源自於純粹的國家概念，也只拘束國家概念本身，至於憲政的「實際」則是社會秩序置入國家公權力運作的結果。

如果上述分析正確，我們就必須嚴肅面對分析所呈現的事實，那就是在人類共同體的變動過程中，發生不自由是必然現象且無可避免，因為這是社會的基礎，而社會又構成憲政的基礎。依據純粹國家概念推論出的憲政理論不可能帶著不自由的要素，但是任何憲政的實際運作就不可能不帶著不自由，以及由法律制度所承認的依賴關係，差別只在於表現方式與實踐程度。這是盧梭對他自己政治理論的預言：民主共和只是為眾神而設。絕對的民主共和或者絕對的自由憲政對於實際生活而言都是緣木求魚，因為它們都離不開社會，社會生活必定產生依賴關係，而且每日上演著支配階級

獨占國家公權力的戲碼。人類的共同體就是建立在國家公權力為實現自身理念持續進行的奮鬥與變動，也是一種持續對抗不自由的發展過程。

　　事實上，上述的不自由現象，如果在個人人格發展目的與過程中不符合自身的倫理目的，也不至於就發生如此的矛盾現象（概念與實際），因為實際的現象告訴我們，支配階級必定持續維持支配優勢，這種情形並不違反人格發展本質，持續占有經濟資源對於資產階級而言正是自身人格理念的實踐，以達到自身人格發展的目的。這樣的社會地位、權力關係與幸福生活，其實正是每一個人為自己人生所設定的奮鬥目標，如此努力的奮鬥，再努力維持奮鬥的成果，這完全符合每個人的生活目的與生存法則，因此，採取這些行動具有完全的倫理正當性。畢竟這些行動是不自由發展過程中得以開創自由的成分。在所有個體都執著於實現自由的前提下，釐清不自由的現象，應該具有更高的正當性。

　　關於不自由的問題值得我們再付出些心思梳理清楚，特別是針對那些已經身處不自由困境的人們。通常會發生的情形是，人們會直接批判那些支配者與坐擁資產者是冷血無情的既得利益者，認為既得利益者極力維護自身社會地位的行為，是一種違反人性的犯罪行為，只是濫用公權力打壓人格自由的普世價值，只會冷嘲熱諷看待他人改善自身地位的努力，甚至怨恨既得利益者根本是對自由理念的公開宣戰。會發表這些言論的人，根本不知道自己在說什麼。如果人們必須在支配大自然的過程中，不停的占有外在資源以達到自身完全的發展，又怎麼能依據相同的生活原則去批判那

些已經達成這個原則的人呢？如果這個原則是所有人的生活目標，又怎麼能責備那些已經達成目標的人呢？即使他們只是少數人？另一方面，這也能夠解釋為什麼上層階級總是有意識、有目的的用盡全力排擠下層階級分享他們的既得利益，因為他們經過努力並且要固守的領域，其實正是所有人的共同目的。如果有人宣稱個人人格發展不應該超出整體依計畫必須到達的程度，原因只在於整體的建設尚未到達那個程度，這樣的主張能夠改變上述分析的結果嗎？上層階級所強調的公平正義原則，其實不正是產生「不公平不正義」的同一原則嗎？

然而，這裡所呈現的正是一種普遍現象：所有不真實的現象往往源自於真實現象的單向、偏頗與極端發展。在上層階級享有較高社會地位這件事，高社會地位本身確實不是不真實的現象，完全相反的，只要較高社會地位來自於自身人格的行動力，也就是自身勞動的成果，那麼優勢的社會地位就與人的目的及其法律制度毫不衝突。下層階級的服從與依賴固然是因為欠缺發展機會，但是與上層階級的優勢社會地位不相衝突。之所以會有矛盾與衝突，又被法律制度包裝成不自由的現象，原因就在於上層階級運用權力排除下層階級獲得經濟資源，因為只有獲得經濟資源才可能促使下層階級自我改變，晉身上層階級。一旦發生利益獨占與排除，連帶出現各種管制勞動與職業特權的法制，就會在共同體的變動過程中產生不和諧，這種不和諧尤其發生在不滿生活現實與追求公平正義理念之間的辯證與行動。依此推論，社會階級的存在，是源自於個人人格發展的有限性，以及經濟資源

的本質，兩者所產生的**生活事實**，這種不可避免的生活事實雖然與公平正義理念互相對立，卻可以透過勞動獲得有效緩解。真正與公平正義理念產生絕對矛盾的是，支配階級掌控國家公權力之後採取固定階級利益的行動，以法律制度包裝特權、階層世家與種姓制度，再以國家意志的神聖性保障這些法律制度的合法正當，其結果就是其他階級與個人再怎麼努力勞動也無從改善自身地位，甚至造成不勞動與不發展，在這個關鍵問題上才開始真正的不自由。

如果不自由的形成確實依據前述階級特權、階層世家與種性制度的過程；如果上層階級完全掌控國家公權力、國家法制與國家神聖性；如果上層階級運用權力訂定法律制度完全排除下層階級獲得任何物質資源，那麼，自由的變動還有任何可能嗎？有任何可能會出現自由的方向與所在嗎？

我們在此提出的問題，也開啟本文探索人類共同生活的第二個領域，在此我們將面對一個新的世界及其蘊含的巨大生活事實與生活法則。

# 第四章　自由的原則及其變動法則

## 自由的起點

　　人們總有個慣性思考，認為某個事物或者某種體制結構，即使遭受外力澈底的改變，仍然能夠保有自己的力量與特質，以回復原本固有的純粹樣貌。這句話常用來形容所有的人事物互動關係，但是只專注原本事物，卻也因此忽略思考其他更多的必然法則，因為人們只是習慣期勉受創者自立、自助。然而，前述外在體制結構的毀壞，往往導致自身特質的澈底改變，這說明受創者再也無法以自己的力量對抗外力的衝擊。

　　大部分的人觀察到共同體的自由向下沉淪時，習慣性的反應會寄希望或者將矛頭指向國家及其憲政制度。他們直覺認為，國家既然依其理念代表自由，而且國家體制的運作原本就不同於社會體制，所以國家及其憲政就必定是自由的象徵。他們的慣性思考自然要求國家運用自身權力機制保障自由，至少在憲政層次能夠明白規定自由的所有條件。

　　這樣的訴求就是前述錯誤的想法，它總是認為國家仍然有能力對抗社會的權力關係與利益獨占。

　　本文在前兩章已經充分分析過國家與社會之間的真實互動關係。可以確定的是，純粹的國家是沒有這個能力，而國家在這個關係上的無能為力，其實就是所有抽象理念的功能

極限，在所有的具體個案發生時，抽象理念就必須面對具體實際力量的衝擊。所謂具體實際的衝擊就是：在社會生活之外不存在國家的實體。國家的國民與公務員，尤其所有公務員進入公職之前，都已經基於出生、教育與社會地位等生活事實，早就歸屬於某個特定的社會價值體系，誰又應該代表純粹的國家理念呢？所謂國家的意志，其實都是由具體的個人所代表，這些個人的生活核心都在社會，而不在國家，所謂國家的行動也都是透過具體的個人落實，這些個人依據相同的理由必定離不開個人利益與階級關係，國家以其抽象理念的存在是沒有任何屬於它自身的有機組織，它又如何能夠對抗社會支配的力量？它又如何能夠單以己力改變社會的權力關係？更何況這些力量早就受到社會秩序的支配，國家更沒有能力宣稱以自身力量超越社會秩序達到自主地位，更遑論保障自由，這些都注定是緣木求魚。國家根本不可能以自身力量對抗社會支配，一旦屈服就會更顯得勢單力薄，更難高舉（政治）自由原則對抗社會不自由。

　　上述的分析尤其是針對那些在國家與社會矛盾對立、劇烈變動時代，快速竄起、具有高度動員力量的政黨活動。這些政治行動代表著一種堅持與期望，仍然相信自由是可以透過某種符合純粹國家理念的憲政予以保障與落實。這樣的政黨秉持堅定的信仰，相信國家仍然有足夠的權力與力量，以其自身意志與行動戰勝社會的不自由。這樣的政黨指的正是以**民主**為名的政黨。我們會在未來歷史發展中不停的遇到這樣的政黨，也必定能夠清楚觀察到，它們如何在短時間之內發揮作用，但是在長時期之後則顯得功能侷限。以民主為名

所建立的法治與權力是基於國家理念在抽象理論層次的正確理解，而民主之所以會導致不正當與不法的原因就在於完全忽略、誤解社會的本質及其內含的權力關係。由於民主政黨完全建立在抽象的國家理念上，所以它的命運也和國家相同，那就是面對社會秩序及其權力關係發生實際作用時，民主政黨就與國家理念一樣呈現無能與失靈。民主政黨同樣經常在社會議題犯下重大過失，但是我們卻常常觀察到，民主政黨向來都與主張社會變動與進步的政黨畫上等號。但是，當它們能夠認知到國家理念面對社會秩序時的無能與失靈時，這些政黨就會開始改變。透過這個層次的認知，民主政黨能夠掌握另一個要素，部分政黨甚至就此轉變。當我們面對社會秩序以及被社會利益支配的國家公權力卻逐漸失去自由時，這個要素才構成自由的真實基礎，同時構成個人生活的真實基礎。

當國家以其自身權力無助於自由的實現，而社會依其運作法則又必然導致不自由時，那麼促成真實進步的可能性就必定超越國家與社會之上，而且它的力量必定超越兩者之上。

這個超越國家與社會又能夠涵蓋兩者的要素，其實再具體不過，畢竟國家與社會在概念認知上都是基於**人格本質**推論、發展而成的有機體。這個人格發展的更上位目的才真正促使多元差異的產生，並且將多元差異統合在國家平等的權力作用，也以多元差異形成社會秩序[1]。儘管人們可以選擇

---

1　Die hoehere Bestimmung der Persoenlichkeit rief die Vielheit, die Einheit dieser Vielheit im Staate, die Ordnung derselben in der Gesellschaft hervor.

不同的方式呈現國家與社會的關係，但是在思考層次上，這兩種有機體都被設定成實現人格發展目的的途徑。只有在實現人格發展目的的前提下，兩者才真正完成它們存在的真實目的，如果達不到這個目的，那麼以人的名義存在的兩種有機體就與自身目的互相矛盾，也只有這個更上位的人格發展目的才能夠以其力量調和兩者的矛盾，使它們回歸自身存在的真實目的。

因此，人格發展及其目的所具有的力量超越國家與社會之上，這個力量才能夠將兩個有機體拉回自由的目的。這句話同時開啟了國家與社會變動關係的第二個理論領域，那就是自由的變動，它其實與不自由的變動形成相對的關係。

然而，以人格的概念作為自由的基礎與起點，概念本身總是過於抽象又難以掌握，並且這個概念所要涵蓋與超越的卻是範圍廣泛、本質對立的生活領域。因此本文先列出人格概念產生自主變動的三個法則，對照這些法則將使得以下關於自由變動的說明更容易理解。

首先，由於不自由是基於社會秩序的本質所形成，社會秩序追求利益的作用力道又遠大於國家及其理念所代表的自由，我們如果清楚不自由與依賴關係形成的脈絡，就得以推論關於自由的變動根本不在於國家生活的領域，而是發生在社會秩序的領域。這就是社會邁向自由發展的第一個法則。

其次，由於社會秩序實質上支配著國家秩序，如果社會秩序依其要素與結構又是透過人格的勞動作用而改變其結構，所以自由變動的第二步就必須針對現行有效的憲政，以

及形成社會支配的法律制度。改變憲政與法制通常透過兩種
途徑，革新（die Reform）或者革命（die Revolution），兩
者各有其特性與過程。第二個法則要表達的真意是，任何公
法變動的實質意義與長遠效果，都在於現行社會秩序及其內
含的要素與結構是否實際改變，社會秩序的改變才是憲政變
動的必要條件。

　　第三，由於國家依其理念代表自由的原則，所以上述的
改變必定將社會新生成的自由要素反饋到國家理念，進而形
成新的國家法概念與理論，依此推論，自由變動的終點必定
在於新生成的自由要素能夠真實的涵攝在新的憲法與憲政秩
序中。

　　以上三個基本法則就是不自由變動中的自由變動過
程，本文以下將分別詳細論述。

## 自由變動的共同基礎

　　我們在前面章節除了分析資產階級如何建立支配權力之
外，也已經完整呈現資產階級掌控國家公權力的必然性。

　　如果這樣的社會支配關係對於個人人格發展而言，純粹
只是一種外在的壓迫力量，那麼所謂的社會支配根本不可能
壓制依賴階級與生俱有的反抗力量，更難以克服社會支配本
身固有的內在矛盾[2]。社會支配不論在何種環境、條件下都
展現多元的支配形式，即便暫時受挫也會反覆發生，再加上

---

2　因為社會生活中，每個人或者每個階級實際上都同時處於支配與被支配的狀
　態。

大多數人其實都默示、間接地承認它的存在，這些都足以證明社會支配不僅僅是一種外在的力量，它的發生同時也具有人格發展的**內在正當性**。如果依賴階級欠缺勇氣承認社會支配具有人格發展的內在正當性與真實性，而支配階級卻有能力認同、實現這個內在正當性所發揮的影響力，人們將永遠難以理解深受社會秩序與社會變動所主宰的國家憲政，更難以掌握憲政的完整圖像與真實意義。

國家為了贏回自身形式上的存在，必須招募人才為國服務，這些人才又不僅僅只扮演社會成員的功能，因為國家依其概念代表的是人格自主生活的最高組織型態，國家的任務相對於其他次級團體具有最高性與最普遍性，所以為了擬具施政計畫必須慎重規劃，為了做成決策必須充分諮詢，為了落實國家意志必須在所有人才之中任用最優秀、最有智慧與最忠誠勤敏者為其服務。國家在這方面必須充分做到選賢與能，所有國家作為的卓越與否都有賴於施政計畫的審慎周延，以及決策的適當可行。任用賢能者足以撥亂反正，相反的，則造成離心離德。

由於社會財富本身就具有上述使人格發展具備賢能特性的積極動能，但是那些受限於較低社會地位、欠缺教育與訓練機會者，就難以具備賢能人才必備的財富條件，因此，儘管社會上層通常藉著支配權力掌控國家的憲政與行政，國家還是必須在社會上層階級的既有環境中選任為國服務的公務員與公職人員。所以身處社會上層的既定事實就成為階級成員優先參與國家事務的最自然條件，社會上層對於國家權力的支配關係就成為一種最自然、而且具有人格發展內在正當

性的現象，就如同資產階級對於無產階級的支配關係。

因此，即使依據國家本質的分析，上述的支配權力依然具有深刻、無從否認的內在正當性，而且，事實上也不是支配權力的現象造成國家的不自由。畢竟下層階級也從未質疑過公共事務應該交付上層階級與任用賢能，如果他們真的控訴支配權力造成國家整體的不自由，這也是牴觸公共事務「最佳處理」的事物本質，如此的批判就顯得師出無名。

關於社會支配的本質，本文必須再進一步說明。許多人認為有產者對於無產者的支配權力主要建立在有產者的財富力量上，依據這樣的觀點，如果有產者失去財富，就失去力量，無產者的依賴關係就會隨之消失，而且社會秩序的構成彷彿除了財富所展現的外在權力，就沒有其他的支撐力量。這樣的觀點當然是錯誤的。有產者對於無產者建立在財富關係上的支配權力，並非擁有財富的**原因**，而是財富內在力量的**結果**。財富之所以產生這樣的力量，首先，財富通常使得有產者擁有更高的穩定性、更明確的視野與更大的能力，這些特質再使得有產者的成員比無產者的成員享有更高的社會地位。其次，財富使得部分的無產者必須為有產者提供勞務，無產者因此獲得工資，也獲得較佳未來的期望，所以無產者為有產者服務的數目必然是有增無減。前述發生在有產者與無產者之間的兩種現象，都是源自於財富的內在力量與內在本質，依據這個深層分析，我們得以清楚看到絕不是那些外在的支配力量決定了財富的特質，而是財富本身就

內含著支配權力。唯一的例外，我們將在後面章節分析[3]。認知財富的真實完整意義，不僅對於社會結構的改變具有重大意義，也開啟社會變動的可能。我們以下再回到社會變動的主題。

綜上所述，不僅僅社會支配關係，甚至國家意志（憲政）與國家行動（行政）的參與，都必定建立在財富的本質及其分配上，因此得以初步推論，社會秩序的變動以及被支配階級政治依賴的改變，如果不專注在財富占有的議題上，將是毫無效果，畢竟這才是社會依賴者自由變動的關鍵所在。

由於抽象的人格概念必定訴求這樣的自由，所以基於人格的平等也會要求廢止社會依賴。對於大多數人而言，人格概念的平等具有高度啟發意義，本身就具有極大的動員力量，許多偉大的政治建樹都是基於這份信仰而產生。然而歷史也告訴我們，任何自由平等的理念如果單純基於人格概念，其結果若不是毫無實益，就是注定快速幻滅。人格概念如果只是抽象存在，離開大自然資源與社會財富的連結，也只構成不真實的人際互動秩序，更難以改變現行生活秩序的結構性問題。

但是，如果只是以暴力推翻社會結構的外在支配關係，同樣毫無實益，因為外在的支配總是依據財富本質而產生力量，如果依據人格平等概念就使用暴力推翻有產的支配者，反而曲解財富的意義，也反轉財富與所有者之間的關

---

3　這個唯一的例外，指的是透過教育制度獲得的精神財富。

係。對人而言，最大力量所能達到的最大改變，就是改變階級。我們可以想像，下層階級如果瞬間掌控財富力量，也能夠以其與生俱有的自然力量在短時間之內達到某種程度的改變。但是，他們客觀上不可能、主觀上也沒有能力去改變基於財富本質所建立的支配權力與依賴關係[4]。這種情形能夠達成的最大改變不是改變階級，只是改變了階級中的人們，他們以暴力方式改變財富關係，將原本的依賴者轉變成支配者，原本的支配者轉變成依賴者。原本就存在的支配與依賴的矛盾關係卻未改變，這種現象並非真實的進步，整體生活並未因此獲益，反而受害更深。因為透過這種方式，原本用來反抗財富分配的力量，會轉變成個人之間互相對抗的暴力，實質上成為一種犯罪行為，會被歸類成暴力犯罪而被處以刑罰。歷史中已經有足夠的例子，法國大革命則是最新的例證。上述歷史事件中，當然有部分人士是基於人格理念所宣示的「人皆平等」進而採取行動。但是仍然被認為是一種犯罪行為，被攻擊的上層資產階級因而有法律依據主張這種行為應施以刑罰處遇。

綜上所述，如果要真實提升依賴階級的社會自主性，透過這個過程進而達成國家自由的狀態，就必須使得依賴階級獲得**依其本質就內含提升社會自主性力量的特定財富**。如果得不到這種特定的財富類型，任何想改變現行社會秩序的行動最終都淪為社會烏托邦、政治烏托邦或者某種犯罪行

---

4 下層階級即使短期間獲得財富，卻無法獲得原本財富造就有產者所擁有的穩定性、視野與處理能力，更無法讓原本的有產者為下層階級提供勞務。如果欠缺勞動的過程，下層階級根本欠缺天賦扮演支配者的社會功能。

為，不論現行社會秩序是多麼的不自由、多麼的不幸福、多麼的違反人格平等的理念。如果依賴階級不從自身開始自由，任何的法制與力量（暴力），都不能夠為他們創造自由或者維持自由。任何人只要明白各種的政治與社會理論（民主與共產理論），只是訴諸情緒的無力空洞，或者相關行動也只淪為無效空轉，就能理解上述分析所具有的真實性與實質意義。我們也都知道，這些理論與行動絕不會因為個別發生的無力與無效，就被擱置或推翻，但是只要依賴階級不能夠從自身生活中創造自我提升的條件，任何理論與行動都不會產生什麼效果。同理可知，不論所處的時代背景與政治環境，只要依賴階級能夠掌握自我提升的條件，即使上述政治或社會理論發生若干無力與無效現象，都不會影響或者抵銷已經發生的實質效果。依據上述分析，我們可以歸納出這個論點：下層階級如果持續占有這種特定的財富類型，才真正體現抽象理論的實質效果；下層階級如果向下貧窮，所有抽象理論都只是虛無飄渺。這種現象在任何社會型態及其變動過程必定反覆發生。

接續上述論點，以下的分析就只是必然的推論，正確認識兩個議題之間的前後關係，使我們能夠站在所有真實社會變動的基礎。如果占有這類財富就是下層階級向上提升的絕對條件，也是國家領域與社會領域對抗不自由的絕對條件，那麼持續且和諧向上提升的唯一途徑，就是創造下層階級獲得這類財富的**可能性**。這個簡明又毫無爭議的句子，卻是最常被忽略與否認。此外，人們通常會主張透過國家公權力所保障的（政治）自由來協助下層階級產生變動，卻

忽略應該同時保障他們的**社會自主性**（die gesellschaftliche
Unabhaengigkeit）。只強調政治自由的主張往往造成反效
果，實質上只造成無從期待、**斷斷續續**又互相矛盾的改革現
象。所有的自由運動支持者與同情者如果不能清楚認知政治
自由與社會自主的二元特性，最終都因為上述矛盾而走向
不自由。因為，基於自由的主張以及自由所需要的必然條
件，這兩者之間的絕對矛盾，得以歸納出第二個事實，許多
自由運動者卻畏懼釐清這點，原因在於這個事實直接暴露他
們理論與行動在出發點的混亂。這個事實就是，不論是基於
認知或是直覺，有產者都清楚知道，占有精神財富與物質財
富才是他們自由自主的真實條件。那些專注理想的理論家們
（民主與共產理論家）主張自由，卻不提人格自由的實質條
件，根本不符合、甚至直接牴觸支配階級菁英關於自由自主
的認知，所以他們必然得被迫採取反對自由變動的主張，因
為這些主張根本欠缺自身未來發展的條件。這個關鍵點才是
所有上層階級之所以反對群眾運動的深刻理由，畢竟群眾運
動充其量就是代表欠缺財富與精神能力的大多數群體。這種
針對下層群體無法掌握自由的條件而導致自由發展內在不可
能的感覺，卻很容易被誤認為是反對自由本身，以及反對任
何自由變動，因而遭致誤解與批判。這種上層階級的感覺有
其專屬的代名詞，人們通常會說「理性」或者「審慎」，理
性與審慎的政治意義就是必須同時兼顧自由的物質條件與精
神條件。這代表一種巨大的力量，不僅僅是因為支持它的人
數眾多，現在我們更清楚的分析出它的深刻內在本質，任何
破壞它的人終將遭受刑罰。能夠充分認知自由的物質與精神

條件，就能夠理解我們當代所面對的政治現象與爭論，依據人的自利法則，這些現象與爭論將會反覆發生在未來的歷史中。希望讀者們都能夠將本文上述分析當作歷史借鏡與思考準則。

如前所述，社會秩序支配著人的自由，也為自由設定條件，而且在國家領域的自由變動必定都以社會領域的變動為前提，社會領域的變動又以獲得財富才有可能形成長期有利的變動條件，我們因此推論，不論是社會的真實發展史，或者自由的真實發展史，又或者是國家秩序的真實發展史，關鍵都在於**財富如何分配、透過何種機制分配到所有的下層階級**。關於財富分配的問題是所有歷史研究最無知的一環，到目前為止，歷史研究所呈現的只是各種支配力量交互作用的**結果與現象**，卻忽略支配力量源自何處，這些力量基本上主宰著人性，如果前述關於自由的思考過程及其在國家社會的變動關係能夠真的投射在人的歷史，而不是任由歷史變動的結果發生在我們面前，這才是真實的歷史知識。

現在，同樣基於人的勞動作用，我們得以建構出對抗不自由變動的決定性力量。當不自由變動的過程從階級利益形成特權關係，再從特權關係邁向階層世家，階層世家再深化為種性制度，關於自由的勞動過程也有它的發展脈絡。社會生活必定是自由與不自由兩大力量的矛盾關係所主導，而共同體的變遷則是國家與社會的二元對立，相較於不自由的過程，自由的勞動過程更像逆水行舟，然而促進自由的勞動作用還是有其特定的元素。

## 自由的變動，第一個條件的出現

　　所謂的自由，必須是兼具精神層面與物質層面的人格自主（die Selbstbestimmung der Persoenlichkeit）。對於任何個人而言，自由代表著同時支配**精神財富**與**物質財富**，如果欠缺這兩種財富，既不可能思考人的自由，也不可能落實人的自由；如果這兩種財富彼此欠缺互動替換，也不可能達成人的自由。因此，自由的歷史發展與變動過程必定建立在這樣的法則上：首先是兩種條件如何的獲得，其次則是兩種條件如何的調整替換。

　　獲得精神財富的方式，我們稱為**教育**（die Bildung）。就如同精神支配物質的定律與法則，教育因此構成任何社會階級建構支配權力的首要條件。獲得教育的機會就成為提升依賴階級的首要條件。同理可知，實際獲得的教育資源就成為不自由者邁向社會自由的原初必然性。

　　人們對於上述普遍適用又毫無爭議的道理，呈現兩極認知，有些過度強調，有些則不夠重視。前者通常主張單以教育機制解決所有的社會依賴現象，後者則沒弄清楚教育機制所具有的社會意義，以及教育與財富之間的內在關聯性。本文希望藉著生活的元素與觀點切入，分析這些不明確又空泛的主張，並且歸納出一些明確又具有實質意義的概念。雖然教育機制本身也是一種主張，但是它其實擁有相當獨特又具有強大力量的內涵。

　　教育作為精神財富的占有與分配，它代表個人的認知與能力，而且專屬於個人的內在生活範疇。然而，所有的個人

都是生活在現行的社會秩序中，這個秩序對於個人而言是一種外在的秩序，外在秩序並非個人所決定，但是卻完全主宰並支配生活在其中的個人。教育作為一種專屬於個人的內在生活事實，不論程度高低與範圍多寡，本質上與外在社會結構互不相干。精神財富本身並無界限，任何人都能夠憑藉己力無償取得，不需要限制、干涉、甚至利用他人作為個人獲得教育的手段。因此，在精神財富的領域最有可能提升依賴者，而且這種提升與現行社會秩序不發生矛盾對立，既不破壞現行社會結構，也不妨礙社會利益的競逐，所以不會被社會秩序所抵制。因此，教育的建制與發展得以超越現行社會秩序，成為**自由變動最必然、也最自在的起點**。如果一個社會的下層階級都能夠、也願意接受教育，這就具備自由變動的第一個條件，同理可知，如果下層階級接受教育成為一種社會共識，才真正開啟依賴階級對抗支配階級的序幕，後續的任何對抗關係也都奠基於教育，因此，不論是由國家或者社會主導教育機制的設立與發展，我們都能夠明確知道，即使國家與社會的現狀處於不自由，但是終究會迎向自由。熱衷教育事業是所有民族得以孕育自由的永恆指標。

　　相對於階級利益主導的社會現狀，教育作為精神財富的平等分配機制，必然會成為一種全新的、純粹精神層面的社會發展準則。又因為在精神財富的領域能夠形成人格自由的原初形式，所以對任何人而言，教育的發展就等同於人格的平等發展。但是「平等發展」對於所有教育機制在開始階段都只是一種低層次的生活事實，只有當教育機制成為有

意識的認知體系與學術[5]，才能夠從生活事實演繹出平等原則，成為有法拘束力的價值與規範，例如我們如果不強制規定每位國民的平等受教權（die Bildungsfaehigkeit），就不可能實現有意義的國民教育。平等的受教權真正體現人皆平等的理念與原則。尤其當我們回顧受教權與人格概念時，所有的教育機制因此都具有一個共同特點，這個共同特點才能夠將概念上的「人皆平等」轉換成下層階級的變動原則[6]。因此，這個千古傳唱、放諸四海皆準的平等原則，它的落實程度其實就在於，教育機制與社會利益彼此之間矛盾對立的磨合過程與調整程度。當我們要判斷平等問題時，尤其不應該忽略平等原則與教育機制的關聯性，這已經不僅限於哲學思考上的真實性，同時也已是歷史上的客觀事實。教育權的平等原則本質上就等於教育體系具有的自我意識與自我認知，教育因此得以成為全新的社會精神原則。

　　然而精神領域的人格平等原則，卻與現實社會秩序的支配關係、依賴關係、以及上下差異的不平等關係，形成直接的矛盾對立。人格平等原則的出現同時代表著自由理念與社會秩序間的矛盾對立。因此，教育及其認知的平等原則將共同參與社會變動的劇烈拉鋸過程，成為依賴階級邁向自由的精神力量。不論社會秩序的類型是農業社會或者工業社會，都不會影響教育的上述功能，而且我們可以更清楚看到，教育的平等原則才是自由變動有意識的開端。

---

5　所謂有意識的認知體系，指的是教育機制成為法律制度。
6　類似儒家的有教無類主張。

　　只有透過上述平等的教育制度，才使得依賴階級獲得精神資源，並且使得依賴階級有意識、有目的的接受教育。參與教育所產生的勞動效果不會是短期速成的即興演出，而是長久持續的潛移默化、兼顧傳統思維與推陳出新的能力。但是單以教育機制難以改變現實的社會秩序及其法律制度，就像單憑思考不足以克服大自然。為了要改變外在世界，教育機制必須結合外在資源才能開始對抗社會秩序及其法律制度。

　　所謂的外在資源指的是物質層次，也就是原物料的生產製造與勞動的生產力，這種勞動是機械勞動，由知識與技術所主導的行為。知識與技術愈豐富，勞動就愈能增加產能與產值。知識與技術的傳授正是教育的內涵。因此，教育不僅僅使人占有精神財富，同時也是獲得物質財富的必然條件。由於人的目的就是不停的以其精神能力掌握外在自然資源，因而，教育制度必然有其共同目的，那就是獲取物質財富以厚實民生。由此可知，國民的教育水準愈高，或者一部分國民的教育水準特別高於其他國民，就必定能夠**創造**出較高的物質財富，他們也會**要求**更高的物質財富。所以國民的教育制度愈完備，必然會出現透過教育所鼓勵、產出、並且源源不絕的動力以追求物質財富。這種現象算是一種生活事實，不僅僅發生在全體國民的共同行為，也發生在任何個人的生活領域。人們通常對這種現象習以為常，但是在這過程中，其實蘊含著整體進步與個人發展的契機。這種現象代表著精神生活進入物質領域，並且取得主導地位。我們在概念層次分析教育所代表的精神力量支配著物質領域原物料的生

產與勞動,在這裡有了真實的架構。如果精神作用不趨向物質的建樹,那麼,所有的學術與教育都會在現實生活中喪失影響力,因為單向的精神發展對於教育機制而言,帶來的負面發展遠大於正面的意義。不論是個人的教育活動或者整體國民的教育制度,如果在設立之初就脫離實用取向,那麼不僅達不到制度本身的目的,而且只會淪為低層次的社會生活事實。相反的,教育的效果如果完整貫徹到人的創新活動,提升精神能力,付諸民生行動,就足以開啟自由變動的第三個階段,我們稱之為物質自由(物質財富)的發展階段。這個部分尤其需要我們更用心的分析。

物質財富本質上屬於有限的財富,再加上社會利益與社會支配的限制作用,所以會留待開放競爭的物質財富必定更為有限,然而人口數字及其發展需求卻是無限增加的,當教育機制所創造出的能力與能量加入有限財富的競爭時,就會發生兩種可能。我們必須提醒讀者特別注意這兩種後續的發展。

首先,第一種可能的情形,現有的物質財富具備夠大的規模,以使得每個人都能夠依其精神發展或者教育程度獲得相當的物質財富,而且現行的經濟活動與生產關係也提供相當的資源配套機制。

其次,第二種可能的情形,現有的物質財富已經限定在固定的分配方式,現行的經濟發展成果與條件雖然能夠提供、甚至促進教育制度,但是完成教育之後,要獲取物質財富的管道卻是有限,或者僅供滿足生存需求,超出生存所需、能夠累積**剩餘財富**(ein Ueberschuss)的可能性也微乎

其微。

　　任何積極建立教育制度、教育制度也依循平等原則運作的社會，它的後續發展必然會遇到上述兩種情形的一種。發生這兩種情形都有其特定的前提要件，我們將詳細分析，可以確定的是，其中之一必定會在某個時間點發生。如果真的發生，那麼對於國家與社會又會有什麼意義與後果呢？這些後果中，何者有益於追求物質財富的自由變動，何者又是不自由的變動與現象呢？

　　藉著上述問題的引導，我們接著面對的正是當代社會的共同問題，本文雖然以原則性、結構性的分析方式，希望藉著關鍵概念與生活事實的對照論述，清楚、明確的呈現其中的內容與過程。

## 政治變動的原因與必然

　　如果上述分析正確，提高教育水準之後，隨之而來的必定是追求相當水準的物質財富，物質財富的追求如果受限於現行社會支配的法制，那麼下層階級如何以其努力爭取的教育水準，進而獲得相當的財富呢？

　　這個問題的答案顯然已經觸及如何在實際生活中實現自由變動的最直接路徑。人之所以積極追求財富，原因在於滿足對物質的**支配欲**，以及在支配關係中才會產生的**幸福感**。追求財富的手段是勞動。雖然人們常聽說勞動本身就是幸福，如果真的如此，那麼勞動的成果，也就是財富及其附帶發生的支配欲與幸福感，就不會是建立在勞動的辛勞勤奮上。只要是為了滿足基本需求而勞動，這種勞動就不叫幸

福，而是辛苦。由於人們都要追求最大程度的幸福，所以他很自然的、也必然的會希望免除勞動的辛苦，又能達到幸福的需求。我們通常稱這種情形為**「不勞而獲」**（das arbeit-lose Einkommen），達到不勞而獲的所得狀態，通常是人們努力勞動的目的所在。

努力成為不勞而獲的狀態，雖然每天在社會生活上演，卻是一個值得深思的現象。占有生產工具（土地、資金、設備、廠房），同時也擁有生產工具的使用價值（der Wert），這使得生產工具的所有者能夠以其資產的使用價值交換他人的勞動，從而有產者得以免除自身勞動，卻能滿足自身需求（支配欲與幸福感）。因此，有產階級在其財富關係中便握有足夠的工具與手段，以滿足其追求不勞而獲的所得。為了保障不勞而獲的所得，有產階級必定推動社會支配的法制，這在前面章節已有分析。階層世家之所以享有優於階級的地位，擁有更加穩固的物質條件，也是建立在社會支配的法制，透過這些法制的保障，階層世家同樣握有工具與手段，藉著無產者的勞動以滿足其不勞而獲的需求，因為他們同樣在自身財富關係中掌握勞動的條件，同時掌握勞動的所得。

由此得以推論，藉著社會支配的法制與保障，勞動這件事對於有產階級而言就顯得多餘。那些建立在有產階級基礎上的階層世家，就真的不再需要親身勞動，只需要強迫世代複製貧窮的無產階層為這些世家進行勞動，階層世家就足以獲得財富。在這種情形下，原本在有產者與無產者之間的矛盾對立，因而有了全新的內涵，社會上層階級不再只是

有產者與特權者，他們都會成為「**零勞動者**」，他們的所得則來自於他人的勞動，有產者不再只是單純的與無產者形成矛盾對立，現在的有產者則是與**勞動**形成矛盾對立，甚至呈現**財富與勞動**的對立。以上就是階層世家社會秩序的真實狀況，它呈現出**有產階層世家**與**勞動階層世家**的矛盾對立。

但是，因為勞動能夠創造並賦予財富所應有的附加價值，依據勞動的本質與作用，它使得勞動階層有可能將有產階層所有財富的使用價值占為己有、為己所用。勞動階層的教育水準愈高，上述過程發展得愈順暢；支配階層的勞動參與愈低，上述過程發展得甚至更全面且深化。支配階層只能夠擁有部分、有限的生產工具，然而面對的卻是積極進取的勞動作用，前者是完全無法壓制勞動階層以其旺盛企圖心藉著勞動過程完全主宰生產工具的使用價值。在這個勞動掌握使用價值的關鍵點上，前段分析有產者與勞動者的矛盾對立就成為具體現象。

勞動階層持續以其教育水準增加財富的累積，也以其物質實力提升教育與知識，透過這樣的精神財富與物質財富的互動替換過程，終於能夠在某個時間點達到上述的關鍵轉變，在其中大多數的勞動階層都能夠掌握必須的**條件**，以創造自身所需的社會自由與國家自由。透過上述持續的勞動，勞動階層就成為有產者，因為它除了教育水準之外，也將財富的使用價值轉換成為一種資本（das Kapital）。到了這個程度，勞動階層與支配階級之間就沒有本質上的差異了。

雖然實質限制的部分已經明顯改善，但是在公領域

生活、社會與國家的法制上，兩個階層的差異仍然繼續存在。因為勞動階級與依賴階級通常是被排除在國家公權力的結構之外，他們不可能主導公權力的運作，進而修正與其自身實質提升狀況不相符合的法律制度，或者訂定新法以保障其勞動所獲得的財富。現行的法律制度之所以具有為正當性（die Vernuenftigkeit），其訂定通常是以財富優勢為前提，也以保障財富權益為核心，然而依賴階級與勞動階級透過持續的勞動，以及勞動所累積的財富，實質上已經相當程度的改變了原本存在的財富權益及其分配方式，他們實際上的獲利能力與累積財富，已經與先前的支配階級不相上下，兩者也不再只是人格概念上的平等，社會與經濟地位上也漸趨平等，因此，現行法律制度已經達不到原本建立在社會秩序與財富分配和諧關係上的該有的正當性，原本的正當性對照新的財富分配事實就已經基礎不再，欠缺該有的規範意義。這是關鍵的矛盾對立。社會支配的法制與國家的憲政都還停留在傳統的規範作用，它們沒有能力反映實際的社會及其財富分配秩序，更沒能力調和傳統社會與現代社會。這些法制原本是社會穩定發展的必要條件，現在則需要修正或制定新法以取代舊法，這個**「實際社會」**與**「法制社會」**之間所出現的矛盾關係，構成所有自由變動的外部起點，藉著這個起點我們得以到達新的自由變動階段，也必定成為繼續發展的動力。

　　如果上述分析正確，現行法制與憲政的規範作用建立在財富分配與社會秩序的和諧關係上，以此為基礎，也以此為發展條件，那麼，當依賴階級的勞動能夠在實際生活層面創

造財富時，舊的法制與憲政就必定面對批判與質疑。這個時候就出現法制改革的必然壓力，壓力來自於法制變動的內在必然性與外在必然性兩個面向[7]。接著會帶動的改革，對於全體國民的生活具有無比的重要性，我們可以歸納成兩個主要的概念。

## 政治改革的概念

面對前述兩種現象，緩解其中矛盾對立最自然與理性的途徑就是政治改革（die politische Reform）。

由於勞動階級以其所得已經能夠達到人格自主，這種狀態實質上已經符合國家理念所要達成的狀態，那就是國家的最高發展狀態繫於個別國民的最高發展狀態。因此，當國民的社經地位已經與現行法律制度產生矛盾時，他們必定轉向國家公權力，要求改變現行法律制度，並且依據國家理念、人格發展理念與自由理念，在憲政與行政領域進行改革。改革訴求的核心議題將是在新的憲政秩序與行政作為中，必須正視已經產生變動的依賴階級，使其在政治與社會層面均能與當前的支配階級獲得平等對待。

這些政治訴求及其行動會依據國民教育水準的差異而採行不同方式，或者發生社會運動與社會抗爭，或者透過言論自由與出版自由表達平等訴求，或者進行請願與陳情，或者國家公權力自行揭露客觀數據以說明改革行動符合公共利

---

7　法制變動的內在必然性在於社經地位的變動，法制變動的外在必然性在於修法機制與程序。

益。通常的情形則是，國家的行政機制自行認知到相關法令變動的必要性，比較難得的情形則是，最高行政首長以其行政權力積極面對，進而採取必要的改革。

　　如果國家公權力能夠克服內在與外在的困難，妥善回應要求變動的依賴階級，並且以體制內的機制達成憲政與行政的改革，這種情形我們就稱為**政治改革**。政治改革具有雙重特性，首先，在行政權的機制與範疇內達成改革，改革涉及的議題通常為國家機關組織與功能的調整，以更有效地維持政治秩序與奠定社會安寧；其次，這類改革通常不涉及以社會結構與社會流動為核心的社會問題。然而我們都很清楚知道，政治改革通常先於革命發生，或者是間接回應革命的主張，詳細的理由將留待國家理論分析。政治改革本質上屬於國家公權力所採行的**行政改革**。政治改革當然也可能面對更深刻複雜的問題，這些問題同樣源自於上述「法制社會」與「實際社會」間的矛盾對立，卻觸及更深層的生活事實。這類政治改革通常會直接面對社會結構的變動，改革的內涵必定擴及行政與憲政法制，不論新訂或修訂，其主旨就在於依據社經地位的實質平等，必須賦予法律地位的權利平等，以法律制度將社經地位的平等轉換成法律地位的平等。實際進行的改革可能會有不同的程序與修法範圍，然而不變的是，改革都在現行國家公權力與體制內進行與完成，如此則可避免革命的發生。透過原本憲政機制達成全面的憲政改革，也就不屬於革命，而是一種改革，如果能區分這兩種情形，就不會產生概念上的混淆。因為在現行憲政體制內達成的法制變動，這整個過程具有以下的明顯特質。由於現行的

憲政秩序代表國家人格的意志力，任何基於這個意志作用達成的改變，本質上都屬於共同體自由意志下所採取的行動，這樣的行動還是「精神」（der Geist）對於外在事物最純粹的掌控與支配，都還是展現整體生活的精神能夠完全支配社會階級的特權與特殊利益。透過這種調和新、舊秩序進而成為一個有機的統一體，才足以達成真實的進步，政治改革因此能夠在保障穩定的前提下達到真實的發展，並且將改革過程對於社會結構與特殊利益必然產生的負面影響，控制在必要且合理的範圍內。

　　即使是整體生活也如同任何個體的生活都有感性的直覺作用，生活很容易被直覺帶著走，如果要改變這種現象，就必須發揮理性的認知功能以取代直覺作用。整體國民如果能夠透過學術知識與經驗累積認知到革命的破壞力，也就能夠依據自身正確的直覺抵制革命的訴求。如果新制定與修正的勞動與財富分配法制能夠進一步反映社會關係的改變，我們就能夠在法制變動中看到符合社會變遷事實的政治改革成果。這樣的改革成果具有最高的價值，也最值得我們觀察學習，因為它不僅展現新、舊社會秩序必然發生的矛盾對立，兩者卻能在更高度事物本質中建構和諧。這樣的國家是被祝福的，是託天庇佑的高度文明。如果忽略政治改革的意義與功能，國家與社會的傳統法制又只會自私自利的堅持既得利益，那麼取代和平健康的真實進步將會是革命的暴力破壞，我們永遠無法預知革命帶來的變動局面是否一定超越暴力革命所造成的毀滅後果。

## 政治革命的概念與變動法則

如果政治變動涉及的是在特定範圍內修正現行有效的社會支配法制或者憲政法制，這種有限的改革通常會以政治改革的途徑完成，以使得社經地位已經向上提升的原依賴與勞動階級獲得相應的法制確認與保障，但是全面性的法制改革就會激發政治革命，並且以其方式完成。關於政治革命的形成與本質其實是源自於**社會互動關係**，前面章節已有相關分析。即使是政治革命的現象也不會是單純孤立的生活事實，它是一連串事件演變的結果。

既然依據國家理念與整體國民利益都願意進行政治改革，那麼當政治改革的實際效果將造成社會生活基礎的重大變動，例如實質發生的階級流動，這種全面性的社會變動是否仍有可能透過國家公權力主導改革呢？

我們在前面章節已經詳細論證過，不論國家政體為何，社會支配階級都會掌控國家公權力。現在我們所面對的卻是改變國家憲政與行政的訴求，而且訴求來自於原本居於被支配地位的下層階級。他們主張廢除這樣的支配關係，以及配套的法律制度。這些訴求實質上等於要求擁有權力的支配階級應該運用既有的權力，進而將這些權力拱手讓給原本的下層階級，換言之，支配階級應該運用既有權力，將其固有利益轉讓給被支配階級。對於那些掌控國家公權力的支配者而言，這些效果才是政治改革訴求與行動的真實內容。正因為如此，我們更可以清楚看到，為什麼支配階級在獨占國家公權力與財富地位的情形下，沒有任何法律制度足以排除

這些優勢，現在又必須藉著法制的形式全力壓制那些要消滅他們優勢地位的政治訴求。基於人性的弱點，所有的社會階層將會採取共同行動以保護上層階級與世家階層的既得利益，公共利益必定因此退居其次。上層階級將不再回應下層階級的政治訴求，他們也不再進行法制改革以符合新的財富分配事實，更甚者則以法律壓制下層階級的行動，如此則形成政治革命的醞釀狀態。

任何現行有效的法制都內含兩個要素，其一是表達國家意志（法制形式），其二則是符合社會互動關係（法制實質）。真實的法制都具有這兩個要素，如果某一個法制只有其中之一，那麼它必定會設法補足欠缺的另一半，或者這個法制必定走向廢止。

前段所分析的社會變動狀態正是如此，支配階級所擁護的傳統法制，它的規範性只剩下國家意志的法制形式，但是法制內涵所要求的社會相當性：透過財富分配構成支配關係的必然性，在傳統法制中則付之闕如。相反的，依賴階級藉著提升後的社經地位則擁有法制的第二個要素，他們透過新的財富分配實質上已經與支配階級取得相同的社會地位，所欠缺的就是法制形式，亦即國家意志所承認的法制保障。

我們可以清楚看到，社會發展狀態已經呈現出法制理念的絕對矛盾。這種矛盾對立必然會促使法制結構中的兩個個別要素努力實現自我內在的完整，因此衍生的社會現象就是，上層階級會要求將下層階級的財富再度納入傳統法制的規範中，而下層階級則要求國家修改傳統法制以承認其平等的社經地位與法律地位。因為兩種訴求彼此互斥，因此形成

兩者間的鬥爭（ein Kampf）。由於這兩種訴求又代表著社會兩大階級傳統上就存在的對立立場，此時的鬥爭再度連結到社會上、下階級的鬥爭，深刻複製出所有共同體最原初的對立關係：依賴者與支配者的矛盾對立。由於此時的爭議焦點在於，依賴階級要求國家立法承認其權益，但是立法行為卻因為上層階級掌控國家公權力必定淪為口號而已，因此，鬥爭的目的勢必提升至憲政層次，並且是有利於現行依賴階級的**修憲行動**。再者，由於社會權力關係與資源分配的變動，都是依循社會支配的法律制度，如果鬥爭的結果是支配階級獲勝，就代表社會支配的法制將會更嚴格的限縮、排除依賴階級的勞動獲利；如果是依賴階級獲勝，就代表社會支配的法制將面臨廢止，而且是依據修訂後的憲政程序。

　　上述兩大社會階級的鬥爭，鬥爭的前提是基於依賴階級透過自身勞動獲得相當的社會財富；鬥爭的必然性在於法制理念所必需的內在完整性；鬥爭的目的在於制定符合前述法制理念的新憲法；鬥爭的結果則是原法制的加重適用或者修正廢止，這種鬥爭就是政治革命（die Revolution）或者推翻政權（die Staatsumwaelzung）。

　　依據政治革命的本質，我們得以推論出以下的法則。如果社會生活中的有產階級普遍停止勞動，而無產階級普遍從事勞動生產行為，再加上教育制度有效促進精神自由的發展，就開啟國家政權變動的首要物質原因，這種情形下，有產階級又不能妥善回應力爭上游的下層階級，這就已經出現政治革命的第一個基礎，也就是**物質基礎**。

　　由於政治革命的目的在於國家公權力的重新組織，所以

任何的政治革命在事發之前，各階級與團體都會針對憲政問題進行無數次激烈的理論攻防與立場辯論，也都會各自擬具新的憲法草案。任何新的憲法草案都需要援引某種普世原則來創造自身的憲政原則，由於社會變動的原則往往在於平等理念，因而所有新憲法的理念基礎必定在於平等理念。當憲法草案與國家法的理論基礎都在於平等，也落實平等時，也就是國民的教育機制具有高度自我認知的時刻，這就已經出現政治革命的第二個基礎，也就是**精神基礎**。

當依賴階級的實際社經地位已經能夠獲得物質財富與精神財富，這兩種財富使得依賴階級具有與上層階級平等的條件，然而上層階級卻拒絕在社會支配的法制與國家憲政上承認這個平等的地位，發生政治革命就只是一種必然現象。任何由依賴階級提出的政治革命，如果欠缺已經實際獲得的社經地位及其財富，就根本不符合法制的本質，遑論推動法制的變動，因此也會以失敗收場，因為那根本不是真實的政治革命。不真實的政治革命，它的後果則是對依賴階級更為嚴格的控制。

由於政治革命的本質是建立在社會財富變動的基礎上，所以政治革命對於國家與社會兩個層面的效果，必然反映出**財富特性**，也必然終止於財富本身內含的矛盾本質。因為政治革命雖然是依據平等原則而師出有名，但是革命的動機卻是依賴階級實際上獲得的財富，這個實際上的財富本身也有規模差異，所以任何的政治革命本身就帶有深刻的矛盾。原則上它對所有的依賴階級高喊平等的權益與法制，但是實際上革命的成果卻只可能被其中一部分實際擁有社會財

富的人所享有。任何的政治革命都不可能避免這種矛盾。由
於政治革命不可能缺少精神財富的作用，而平等原則代表的
正是精神財富的自我認知，所以政治革命的開端必定在於吸
納所有膜拜效忠平等原則的人，而不必去計較他們在社會關
係上是否有實質能力具備某種規模的社會財富，以分享革命
帶來的好處。因此，所有的政治革命依其本質都會利用某一
個階級，但是這個階級既不會、也無能從革命中獲益，同理
可知，所有的政治革命在完成之後，就會在革命成員中形成
對立關係。基於前述事實，政治革命之後出現的是更複雜多
變的社會，而這正是當代歐洲的歷史事實。在這個「後革
命」的社會還是會有支配階級，他們是傳統支配階級中的一
分子，只是因為革命的關係而與傳統支配階級形成對立關
係。在這種情況下，也形成所有革命都無法避免的不公平現
象。因為原本依賴階級中的無產者，雖然參加革命但是卻不
具有平等的財富條件，這些無產者實際擁有的只剩下平等的
訴求，因此在平等原則的口號下，會出現一些訴諸法律制度
也無法達成的保障。我們可以推論，「後革命」時代的社會
雖然開啟了某種新的社會秩序，但也同時開啟了任何社會秩
序都內含的矛盾對立，只不過由不同的人扮演新的對立關
係。這樣的對立關係會立即呈現在後革命時期制定的**新憲
法**。

　　大部分人都相信，這部新的革命憲法既然源自於同樣
標榜平等原則的其他各國憲法，所以它的憲政理論必定建立
在平等理念的哲學體系中。這種言論有其正面作用，因為它
在政治變動之初通常是唯一主張平等精神應該主導法制的修

正。然而它終究是一種錯誤的主張。我們如果觀察所有革命的進程，可以發現實際發生的革命從來都不會接受原先規劃的「哲學憲法」，而是會創造出一部自主的憲法。這種現象反覆出現在當代的法國大革命，在所有政治革命中，真正的主導力量不是平等理念，而是社會層面的不平等分配，主導革命的力量不是哲學真理，而是社會階級。影響所及，「革命憲法」的原則必定迥異於「哲學憲法」的原則。我們如果要認真批判任何的政治革命，就必須牢牢記住這兩種原則的差異。因為是依賴階級實際獲得的社會財富才使得革命訴求成為真實，是社會財富的改變才有了改變憲政與法律制度的力量與正當性，因此，新制定的憲法為了具有完整的規範性與實效性，必定無可避免的選擇財富條件作為參與國家公權力的準則。依據社會變動的原則，必然的會將原本依賴階級中脫穎而出的有產者的財富條件，設定為未來社會關係中的支配階級，所以是這些財富條件決定未來社會關係中支配階級與依賴階級的差異所在。又因為社會秩序及其支配力量必定掌控國家憲政的運作，這個法則也必定反映在「革命憲法」的制憲原則，它必然會依據實際獲得的財富設定為參與國家憲政的條件，並且排除其他無產者的參與。這就是所有「革命憲法」憲政原則遵循的道理，依據這個道理就能區分其他基於純粹哲學理論的國家理念。這些純粹哲學理論的國家理念基於平等原則將抽象的人格概念設定為參與國家公權力的條件，「革命憲法」則是依據財富，更準確的說法是，「革命憲法」將依據抽象人格所擁有的外在、具體且特定規模的物質財富，作為參與國家公權力的條件。這句話本

身也突顯出「革命憲法」本身的矛盾與危險，在政治革命的變動中，占有社會財富者會支持「革命憲法」，其他無產者會支持「哲學憲法」，至於原因與過程，我們會詳細分析。

以上就是所有政治革命的變動法則。為了避免用詞上的混淆，我們有必要明確區分政治革命與其他類似的現象，不僅在概念上，也包括本質上的不同。所謂的暴動（der Aufruhr）是指針對個別政府施政或者特定行政機關的特定作為，由人民發起的騷亂與失序，波及的範圍不到全社會，比較容易壓制。所謂的起義（der Aufstand oder Insurrektion）是指一部分人民或地區對抗全體國家與國民，原因通常在於這部分人民或地區的社會秩序遭受國家憲政的歧視，例如國籍問題與經濟壓迫都可能構成起義的口號。所謂的叛亂（die Empoerung）或者抗暴（die Revolte）是指人民對抗統治者，不論統治的型態是地方諸侯、獨裁政權、貴族政體或者殖民統治。至於政治革命則是指社會層面的依賴階級與中產階級針對憲政秩序的抗爭，因為憲政與法律制度排除他們平等享有政治上與社會上的權益。如果日常用語都能清楚區分這些不同層次的概念，將會有助於我們的認知，畢竟概念的差異才能正確判斷各種實際行動所代表的意義。

我們在此總結分析，以連結本章與前面章節的內容。關於社會不自由的發展過程，本文已有詳細分析各階段的現象，同時指出人格發展自由的原則是如何的消失在社會秩序的運作原則中，而勞動所展現的動態自主性才真正滿足人格發展的目的，並且在社會不自由的各階段中，也唯有發揮勞

動的作用才能抗衡社會不自由。我們將財富的實際獲得，以及勞動階級充分認知到因此有正當性參與社會流動與國家公權力的運作，視為發展自由的第一個階段，那麼政治改革與政治革命就是第二個階段，政治革命的發生當然代表著有權者與上層階級已經喪失他們該展現的天賦智慧與責任認知。但是，自由的變動過程會終結在政治革命嗎？或者依據本章分析政治革命內涵的矛盾，會延伸出第三個階段，持續壓制著人格發展的目的呢？

　　事實確實如此，因為所有的政治革命都是在我們先前分析的兩種前提下的第一種情形，也就是當依賴階級接受教育，進而以更高的精神能力開始勞動獲利，而整體經濟生產與商業機制也都能迎合這種新生成的勞動力。但是還有第二種情形，那就是整體經濟不足以滿足新生勞動力的獲利需求。這個可能性並非那麼的陌生遙遠，而是接續著第一種情形之後必然遭遇的狀況。如何應對這種狀況，將會帶著我們進入當代歷史，也主宰我們未來的文明興衰。

# 第五章　社會的變動法則

## 社會變動的原因、概念與原則

　　如前所述，所有政治革命的目的都在於推翻階層世襲的財富或者不勞而獲的財富以其優勢地位與法制配套對於社會秩序的支配作用，取而代之的則是基於勞動所產生的財富應該成為社會秩序的基礎，這種財富及其分配應該主導社會階級的形成與流動。

　　透過勞動獲得的財富（das Besitztum），由於是在營利過程中所產生，相對於大家都會積極進行營利行為，所有者必須更專注付出自己的勞動才能繼續維持住這份財富。剛開始的小規模財富，卻能因為自己持續付出的勞動而在大規模或者成長中的財富關係中維持既有的財富優勢，也在不同財富所有者之間維持既有的社會地位。透過自己的勞動既能維持財富，也能逐步提升財富規模。因此，原本的財富必然會轉換成為某種獲利工具（ein erwerbendes Besitztum）。作為獲利工具的財富具有兩個要素，首先是財富都源自於某種生產物資及其使用價值，其次則是財富所有人發揮的勞動力。成為勞動關係中獲利工具的財富，就稱之為**資本**（das Kapital）；透過財富所有者對於物資及其使用價值的運用，並且擴大對於資本的投資效益，原本基於勞動關係獲得的財富將轉換成為經營事業的**商業資本**（ein erwerbendes

Kapital）。

　　財富構成人格發展的外在物質條件，卻不是基於人格概念所產生。在人的共同體中，從事營利行為除了需要供作經營事業的商業資本，還需要專屬自身的個人能力以經營商業資本，這個個人能力就是勞動力，源自於人格內在的能力，它雖然不一定創造出財富，卻必定無止盡的追求財富。

　　勞動力為了追求財富，必須占有生產物資以從事勞動。生產物資都屬於經營事業追求獲利的商業資本項目，因而勞動力必須結合商業資本，發揮資本的營利特性，進而獲得更大規模財富，以持續擴大這份獲利工具的營利規模。

　　使用於經營事業的商業資本，它本身就是基於所有者的勞動力所產出，為了達到資本的更大營利目的，它需要那些尚未擁有資本的勞動力，以發揮資本所有者的勞動專長。因此而產生資本與勞動最原初、而且有機的互動關係，這是建立在兩者的相互需求上。

　　透過上述過程，決定了「後政治革命時期」有產者與無產者兩大社會階級之間的差異所在。有產階級將成為**商業資本所有者**，無產階級則成為**無資本勞動者**。

　　我們應該專注處理上述狀態，它是所有社會變動的前兆，它完全主宰著當代的核心議題。這個狀態既突顯真理，也充滿矛盾，更是社會問題最原初的現象。

　　上述的狀態原本是和諧共存的狀態，符合人格概念及其發展所需的元素。商業資本代表的是個人透過自身勞動所獲得的物質發展條件，無資本的勞動代表的是個人能力與職

業行為，以獲得相同的物質發展條件。資本對於商業營利是開放的，不會自我設限，從事營利行為使得個人人格在物質生活領域得以持續發展；依據人格自主原則，每個人都必須以自身勞動獲得資本，才具有自主性；因此會以職業自由（die Freiheit des Erwerbes）保障人格的勞動作用以獲得物質發展條件。真實的情況就是，單純的勞動必定依賴資本，因為勞動需要資本以累積資本；同樣真實的是，資本也依賴勞動，因為資本必須投置在商業營利模式中才具有意義與價值。建立在勞動與資本互相依賴的社會秩序是最合乎自然，也最自由的，因為基於需求的相對性，依賴也具有相對性，透過資本流動的可能性，每個人追求社會流動的能力與結果才會被肯定。

但是，這樣的社會秩序，會因為一件事情而使得同樣的社會秩序中出現不自由的現象。

營利行為的目的在於實際獲得的資本，這就必須占有外在的資源。任何人如果被剝奪職業自由、被排除在營利行為之外，不論以何種方式排除，都違反自由的理念。尤其在以商業營利為核心的社會秩序，無資本的勞動如果被排除在獲得資本的可能性之外，在這個關鍵點上，也就出現商業社會的不自由與矛盾。

依據基本的商業經營法則，無資本的勞動必須在滿足勞動者生存需求之後的薪資盈餘中才有可能獲得資本。薪資盈餘的產生卻與另一個要素產生矛盾，這個要素具有更大的力量，依其運作法則又強力壓縮勞動者的薪資盈餘。

不同的資本彼此之間是依其規模決定資本的力量與運

作法則，資本的規模同時決定了資本家彼此之間的社會地位。作為生產工具的資本必定隨時吸納這項原本屬於人的社會生活特質，持續擴大自身規模。我們因此得以區分商業資本與單純財富的差異所在，後者通常屬於靜態的概念與秩序。然而，商業資本的持續做大必須建立在勞動關係上，而且必然是以產品的價格與價值扣除生產成本之後產生的盈餘。構成生產成本最主要的部分卻是勞動薪資。薪資愈高，資本盈餘愈低；薪資愈低，資本盈餘愈高，資本規模必定愈大。**資本的競爭**都以擴大自身規模為目標，這個資本法則必然導致薪資水準向下調整。如果以此現象指責商業資本，這是難以想像的，因為這就是資本唯一的法則。

再低的薪資也有其界限，那就是任何勞動者都必須滿足自身的基本需求，然而薪資總額勢必抵銷掉勞動者能夠創造的資本盈餘（企業獲利），剩下的資本盈餘卻會成為企業資本的一部分，而不會歸屬勞動者。原本由資本與勞動在商業營利模式中合作產生的資本盈餘，將會全數回歸到資本及其運作。凡是勞動者要創造的盈餘（薪資總額），反而不是資本家主要的興趣所在（資本盈餘）。資本與勞動因此脫離彼此的和諧關係，逐漸在以商業法則運作的社會秩序中形成兩大階級的矛盾對立。

這個矛盾對立具有相當明顯的特性，創造並擴大資本盈餘原本是資本的利益所在，也是無資本勞動者的勞動目的。但是依據前述分析，**資本的利益**卻和**勞動的目的**形成對立，並且腐蝕原本的和諧關係。

無資本的勞動為滿足自身的基本需求，勢必配合資本

以獲得生產過程所需的生產物資，因為資本掌握著生產物資以及經營事業的勞動能力，資本便藉著這項權力設定勞動者的資格與條件，進而全盤掌握勞動。資本所設定的條件絕非資本家主觀、任意的作為，而是有其必然性，這些條件必定依循資本追求利益極大化的法則，那就是勞動薪資的最高額度不能超過必要範圍，以使得勞動者無能累積自己的資本作為生產工具。透過這個利益法則將會形成資本與勞動對立的第一個後果，資本必定依其利益極大化法則，將壓制勞動者累積資本的這項權力變成一種長期的勞資關係[1]。無資本的勞動者，注定將無能力獲得任何資本。有產階級與無產階級的社會秩序將進一步形成有產的階層世家與無產的階層世家，有產與無產的社會關係將會固定成為世襲的**宗族秩序**、甚至**封建秩序**（die Geschlechter），社會秩序將會因此成為固定、不流動的生活秩序。

　　透過上述階級固定與階層世襲的過程，每個人的社會地位都將成為固定且無從變動的「**社會固定**」現象。社會固定現象與勞動的概念產生矛盾，因為勞動不再獲得財物，也無從營利；社會固定也與人格自由的概念產生矛盾，因為人格的目的無從實現；社會固定更與自由的理念互相矛盾，因為共同體的發展將因此停滯，原本整體的自由原則將成為事實上的不自由。社會固定不僅排除無產者獲得資本從事營利，尤有甚者，它使得無資本的勞動必須持續依賴營利的資

---

1　例如以勞動法制固定低工資、長工時、零分紅、低成本的安全衛生工作環境等現象。

本，導致無產者必須依賴有產者。長期的依賴現象就會複製成勞動的世襲階層必須依賴有產的世襲階層。這種世代複製的世襲階層形成不自由的全新社會結構，這也是前述資本利益極大化法則的第二個後果。

我們可以清楚看出，建立在商業資本的社會與前述建立在財富關係的社會，兩者的差異除了前後發展階段之外，在財富關係為核心的社會，有產者致力於不勞而獲，本身並不從事勞動，因此無產者有機會透過某種職業的勞動從事營利，進而獲得資本；但是在商業社會，有產者將財富作為生產工具，同樣透過勞動從事營利，正因為有產者的勞動與無產者的勞動形成競爭關係，才使得無產者的勞動落入無利可圖、無薪資盈餘的困境。

同樣清楚的是，建立在財富關係的社會比較容易脫離不自由，因為自由與否的關鍵只在於勞動與生產物資（原物料）的取得，這種情形相對容易發生；但是在商業社會，有產者以財富作為生產工具，並以自身勞動充分發揮資本力量，將使得無資本的勞動更難累積薪資盈餘，遑論取得資本。然而，自由的理念總是能在困境中找到出路。

在整體資源的領域中，也有的資源是與營利、盈餘，以及利益排除、獨占的現象完全脫鉤的，那就是**精神資源**的概念。教育的機制，即使是在經濟困頓的情形下，仍然是無產者可以獲得的資源。如前所述，在以財富關係為核心的社會中，教育機制承擔著自由變動的起點，以對抗社會不自由，在商業社會的發展階段，教育機制同樣承擔著這項功能。人們對於教育制度卻未曾如此認真嚴肅的思考過，許多

文獻甚至誤解社會生活中精神資源具有如此特定的意義與重要性，他們通常認為社會生活單獨服膺物質資源的法則。然而，自古以來精神資源不僅孕育著人的自由，也創造人的自由，他既是自由的原因，也是自由的結果。只要社會中持續存在著精神資源及其分配，就不可能永遠停留在不自由的狀態；只要教育制度持續發展，上述自由的矛盾現象就不會阻礙整體進步；任何社會只要持續推動教育機制，就代表這個社會終究實現真實的自由。

隨著勞動階級教育水準的提升，不論是前階段以財富關係為核心的社會，或者現階段以商業資本法則運作的社會，勞動階級的教育都能夠為勞動者自身創造平等理念，或者繼受自前階段已經發生的平等理念。不論哪個階段，平等理念都代表著具有自我認知的自主教育制度[2]，這樣的教育制度通常彰顯出自由理念與現實社會秩序之間的落差、對立。然而，現階段的「資本社會」當然不同於前階段的「財富社會」，這必然導致平等理念也有不同的內涵。

因為在「財富社會」仍有可能以教育獲得精神資源進而爭取相當的物質資源，但是在「資本社會」依據資本法則運作，已經完全壓縮勞動者進行這種資源調整與交換的可能。因此，在「財富社會」中，即使身處法制約束下的依賴階級，仍有可能在精神資源之外獲得物質資源，在「資本社會」就不可能再發生。同理可知，在「財富社會」中仍有

---

2　依據平等原則運作的教育制度不會將教育資源視為商品，也不會主張使用者付費的概念，教育不僅具有專業意義，更能夠承擔社會流動的社會意義。

可能透過資源調整與財富累積，突顯勞動階級社經地位的實質平等與法制規範下的不平等，這兩種情況不僅能夠形成明確的對立，而且更能夠突顯法制本身的不公平、不正義，但是在「資本社會」因為勞動者無法獲得資本，所以也不可能出現實際社會地位的平等關係，這也造成無產者對有產者的依賴關係成為一種天生的、命定的、必然的、不可逆的社會關係。勞動階級以其持續改善的教育水準，卻無法、又無能改善自身的勞動獲利狀態，勞動階級以其精神能力能夠深刻感受如此的困境，卻陷入如此的無能自助，關鍵原因就在於：精神資源的平等必定要求物質資源的相對平等，但在此時精神上的平等卻已經不能為無產者創造物質上的平等。

　　因此而產生前述兩種資源分配情形的第二種，也就是社會生活中雖然有職業自由與精神資源（教育）上的平等，卻無法達到物質資源上的平等，雖然有人格自主與社會自由的迫切渴望，卻無從實現。這是一種更加深刻的矛盾對立。如果發生這種狀態，我們就必須有勇氣持續探究它的全貌與必然性，進而從中尋求解決之道。因為這種狀態實際上源自於人性追求利益的本質，所以任何的社會力量都不可能以外在的力量壓抑人性內在的矛盾狀態，更不可能在商業社會的客觀環境下防堵它的必然發生。本文雖然以理論方式呈現矛盾對立的過程與法則，但是它已經不再只是理論，它已經成為當代歐洲社會的真實樣貌，它涵蓋所有的生活問題，而且主導我們的未來。對於歐洲主要區域而言，政治改革與政治革命都已經成為過去式，取而代之的是社會改革與社會革命的訴求，這種訴求正以其巨大力量與嚴屬批判主導著當代歐

洲所有民族的內在變動。目前各地風起雲湧的社會運動，在若干年前都還只是空泛的言論，現在卻已經形成所有法律制度的最大挑戰，再不可能以任何行動壓制或限縮它的影響規模。任何忽視這種社會運動的人，終將感受震撼，並且隨波浮沉，唯一能夠超越社會變動的方法，就是清楚、深入的理解其中的力量與途徑，掌握力量與途徑的脈絡，就能站在變動原點，透析社會變動的事物本質。本文的目的就在於呈現這些力量與途徑，以及它們彼此內在的連結與必然關係。

## 共產主義、社會主義、社會民主的理念

　　如前所述，我們將人格平等理念的出現，視為商業社會中依賴階級已經充分認知到自身發展正面臨困境與矛盾的關鍵指標。任何的理念都有的共同特性，就是遇到矛盾時必定會努力尋求出路。因此會出現某些特定的思想與理論，針對上述矛盾做成研究、提出主張，也表現出它們的體系與結論。矛盾愈廣泛，理論愈全面；矛盾愈深刻，理論愈暴力。同理可知，平等原則遇到了商業社會的不平等現象時，相關的理論與思想會先積極尋求精神內在的解決方式。內在的思想必定先於外在的鬥爭，雖然是漸進的，卻會在生活底層漫延整個社會，而且一發不可收拾，社會秩序愈固定，抗拒變動的力量愈強大，被壓迫者愈堅信上述理論終將實現。平等理念的興起有其高度重要的歷史過程，就如同上述思想與理論，平等理念的歷史絕對不會是偶然、恣意的過程。我們如果從巨觀角度切入更能清楚掌握其脈絡。在前述政治革命發生時，平等理念構成**憲政理論**的核心，但是在

社會變動的歷史階段,平等理念卻構成**社會理論**的核心。雖然是由不同的團體所提出,但是訴求的基礎卻很一致:每個人的人格發展目的都在於以自身勞動獲得物質財富,在這過程中才真正落實人的目的。所有與此訴求相關的議題都屬於社會變動的思想與理論。依賴階級對這個問題的想法,卻區分成三個階段與過程,雖然是三個思考過程,彼此之間則具有內在的必然連結,就像前述許多憲政理論頻繁出現與激烈辯論的現象,通常是政治革命的前奏,此處針對勞動與財富的諸多思想與理論,就代表社會結構變動的起點。

最原初發生的理論,是將平等原則應用在有產階級與無產階級的對立關係,這種理論聚焦於財富,很直接地認為財富關係構成所有依賴與不自由的原因。因為財富是有限的,它只可能被一部分人擁有,但是財富又是從事商業營利的唯一條件,因此有產者永遠而且必然的會將無產者置於依賴關係中。如果要消除依賴關係,就必須正本清源的消滅財富本身,換言之,必須消滅私有制。平等理念首度應用在社會變動關係上,或者平等理念最原初的社會意涵,就是否定私有制。

但是,人的生活離不開生產活動,必定需要某種產品,而生產行為則需要原料與生產物資。生產物資縱然不應該歸屬於個人的私有財富,卻還是必須為整體而存在,因此,歸屬於整體的**共有制**就成為絕對必要的制度。即使是屬於共有制的生產物資,為了透過生產行為創造產品,仍然需要**勞動**的機制。如果任由個人進行勞動,必定再度形成私有財富。為了防堵私有財富,同時避免依賴關係重複發生,必

須放棄個人勞動，改採集體勞動。透過這個制度安排，整體就能夠從事生產、創造產品，同時依據絕對平等原則進行分配。因此，在平等原則之下，仍然能夠維持勞動機制，運用生產物資創造產品。

這樣的思想與理論，儘管會有不同的主張形式，但是核心的思考過程都在於廢除個人私有制，以達到財富共有制，並以此建立社會生活體系。凡是認同上述主張的思想與理論體系，通稱為**共產主義**（der Kommunismus）。因此，共產主義是最早將平等理念發展成為社會變動的理論體系，也是最早應用平等理念以建立社會秩序的思想體系，只要社會秩序是以私有制鞏固財富關係，或者被應用為資本的功能，都屬於共產主義財富理論的批判對象。

然而，姑且不論共產主義在物質條件上欠缺實現可能性，它的原則本身就內含矛盾，愈是深入分析，愈能呈現它的暴力本質。不論是在共產主義的社會或者任何國家體制之中，共同體都必定是透過個別存在的個人（einzelne Personen）而產生功能，關於勞動的分配與勞動的進行都必定交由個人來完成。如果某個個人有自行選擇勞動的權利，那麼其他需要相同勞動的個人，就會與這位已經進行勞動的個人形成依賴關係，而依賴關係正是共產主義要消滅的現象。所以，必須透過共同體的名義提供勞動，並且分配勞動。但是共同體的事務卻必須交由個人代理，這些個人以共同體的名義執行其權力，因此這些個人終究成為勞動的主宰者，從而所有的勞動者，甚至整個共同體都將成為依賴者。事實上，共產主義透過上述勞動制度不僅製造貧窮現

象，甚至再以自由解放的口號包裝、掩蓋集體勞動所造成的貧窮，同理可知，共產主義的勞動制度其實是創造真正的奴隸，集體勞動的奴隸與平等理念根本是絕對的矛盾。共產主義本身無法解決這樣的矛盾，理論本身提出的方案，也都無法擺脫這個矛盾，任何型態的共產主義為了消滅社會依賴，卻產生一種全新的、更深刻的不自由。共產主義也不可能永遠獨占平等理念的理論內涵，平等理念必定自我進化到另一條實踐路徑。共產主義只要被提出，就必定自行消失。共產主義的唯一意義在於它是最原始、最具試探性質的理論模式，這種理論不需要被檢視、也不需要對抗力量，就會消失在制度本身內含的不可能。

據我所知，還有其他類似的理念，同樣被上述的社會犯罪行為當作行動的藉口。那就是依據平等理念將有產者的財富以暴力方式重新分配給無產者。諷刺的是，自由與平等的理念從來未曾被用來合理化這樣的暴力分配。只有那些可憐的空想社會主義者（ein Weitling）與空想共產主義者會主張無產階級的這種權利[3]。我們如果合併觀察這種分配主張

---

3　魏特林（Wilhelm Christian Weitling, 1808 - 1871）是 19 世紀歐洲激進社會理論與政治行動者，曾被馬克思和恩格斯評價為空想社會主義者，並積極說服他接受科學社會主義，但他仍然堅持激進路線，並與馬克思與恩格斯分道揚鑣，但是恩格斯卻尊稱他是德國共產主義的創始人。魏特林嚴厲批判當時的資本主義社會，他認為：「私有財產是一切罪惡的根源！」由於私有財產才發生竊盜與搶劫，使人類的互動關係變為畸形。他更嚴厲批判資產階級的道德觀，以及家庭到宗族的裙帶關係。魏特林認為資本主義的商業社會是劃分階級的：即勞動者和不勞而獲者。他渴求人人平等，希望按照普遍平等的原則進行生產和分配。他並未深究資本主義的矛盾，而是將所有的社會罪惡歸咎於財富關係。他痛斥商業資本，認為消滅資本主義必須從廢除貨幣流通著手，更提出「革命」的主張，認為革命不僅憑藉「精神的力量」，而且要用「物質的暴力剷除那些有錢有勢的人」；不能走改革的道路，而必須以暴力

與那些滿腦子偉大理想與暴力主張的共產主義信徒，就只會
產生厭惡與反感。共產主義是一種思考上的錯誤，也會腐蝕
社會生活的基礎，主張竊盜是窮人對抗富人的手段，為無產
階級貼上負面標籤更是一種卑鄙行徑。因此，實在不值得再
分析這樣的理論，有鑒於它們主觀上與客觀上的不真實，應
該交由治安公權力處理，不值得歷史留名。

　　如前所述，共產主義因為內在與外在的矛盾，事實上
不可能落實，再加上個人不自由導致所有個人與整體的絕
對奴隸現象，都充分說明共產主義不可能實踐自由與平等的
理念，那麼它還帶給我們什麼教訓呢？很顯然的，它之所以
不可能實踐的原因在於**勞動制度**，勞動作為人格自主的外部
機制，原本用來彰顯真正的自由與個人的真實發展，這樣的
功能卻在共產主義之中完全消失，造成不自由。然而，同樣
因為勞動再也不能創造物質條件的自由，在前述商業社會的
發展過程中，也產生不自由。由此可見，共產社會與商業社
會本質上相同，都會造成勞動對資本的依賴，唯一的差異在
於，商業社會中是由私人資本支配勞動，共產社會中則是共
有資本支配勞動。如果在這兩大社會型態之中還有理論出
路，就在於重新安排勞動與資本的關係，而且由**勞動支配資
本**。

---

推翻統治階級。由誰採取行動推翻舊制度呢？魏特林不寄希望於產業無產階
級，而提出所謂「流氓無產階級」的概念，他甚至主張竊盜是窮人對抗富
人的手段（das stehlende Proletariat）。主要著作：《人類的現狀及其未來》
（*Die Menschheit, wie sie ist und wie sie sein sollte*），1839；《和諧與自由的
保證》（*Garantien der Harmonie und Freiheit*），1842；《貧苦罪人的福音》
（*Das Evangelium eines armen Suenders*），1845。

　　事實上，所有的原物料與生產物資本身是沒有任何的價值，它們之所以產生價值，是因為人們將勞動力應用在生產關係上。所有國民的整體財富以及個人的財富都是基於勞動，因此，所謂的資本實質上就等於透過勞動所形成的價值累積。如果勞動依其概念會產生私有財富，那麼所有的勞動類型必定各自產生相對的私有財富。但是商業社會的勞資關係卻造成某甲的勞動必須依賴某乙的資本，而某甲勞動所產生的私有財富並未留給勞動者自己，卻流向某乙成為資本利得，這種現象違反勞動的本質，這樣的矛盾關係會形成毀滅自由的力量，因為它將原本和諧共存的勞資關係，以外在力量澈底破壞與切割。如果以下兩句話是公認的真理：勞動等於自由，而且勞動的更高度意義在於為勞動者創造與勞動等值的私有財富，那麼必定會有某一種社會秩序與制度實現這樣的勞動理念與勞動權利。

　　上述勞動優先的社會主張也有不同的理論型態，依據其中不同要素的不同安排，會有不同的實踐方式，但是我們仍然可以將這些理論型態歸類成特定的體系。凡是將勞動設定為社會生活的核心，而且認為勞動必須取得支配資本的地位，實質上就等於以當代的勞動支配過去的勞動，甚至將勞動視為建構社會生活的指導原則，這些的理論型態與社會秩序共同構成**社會主義**（der Sozialismus）。社會主義可以說是平等理念的第二種社會理論體系，它的核心主張在於以勞動支配資本。

　　社會主義不論屬於何種理論型態都要比共產主義更為進步。它的理論基礎在於勞動，因為主張勞動優先，所以

承認個體性，並且以這兩個要素建立所有的經濟發展與社會多元。社會主義並不堅持依據抽象平等的概念實踐人的平等，它也不主張廢除人格發展所必需的個體性。令人意外的是，著名的瑞士神學家維內特（Alexandre Rodolphe Vinet, 1797-1847）竟然如此的誤解社會主義。如果真的廢除人的個體性，社會主義又如何主張每個人依其能力、依其勞動與生產貢獻，參與財富分配呢？社會主義的核心價值就在於以勞動建立個體性，以勞動維持個體的差異性，以勞動創造個體的幸福生活。相對於共產主義的核心價值在於否定個體差異，以集體名義的共有制取代社會的差異性，社會主義則是要建立與財富脫鉤、純粹以勞動的有機關係為核心的社會秩序。在這樣的理解下，將勞動視為社會的核心要素，社會主義因此自稱為**真實**的社會理論。但是，社會主義同樣有其理論盲點，這個盲點不僅呈現出個別的矛盾現象，也造成整體理論的不可行。社會主義的核心價值在於以勞動支配資本。然而，資本與單純財富的差別就在於，資本是過去勞動所形成的價值累積與盈餘。依據社會主義的主張，勞動的成果反而必須被現行的勞動所支配；勞動的條件反而必須由實際的勞動所決定；過去的勞動反而必須受制於目前的勞動。但是，任何現行的勞動之所以能夠創造價值與盈餘，因為它站在過去勞動的基礎上，屬於勞動長期發展過程中的一環，如果欠缺過去勞動的成果，現行勞動根本創造不出任何價值。有鑒於此，社會主義的基本原則根本牴觸商業營利的本質。單純的財富（不勞而獲的財富）之所以終究會被營利的勞動所支配，並且形成勞動的優勢，是因為單純的財富本

身並不從事勞動，也不是基於過去的勞動累積而成；然而資本卻不會被勞動所支配，因為資本本身從事勞動。因此，社會主義的各種理論都有共同基因：壓制私有財富，只是程度與範圍上的差異而已。在這個特性上，社會主義偏向共產主義，同時清楚暴露出它的根本錯誤。在這個矛盾處正是它與整體有產階級勢同水火的源頭，遭致社會上層有權力者圍堵打壓的原因。社會主義同樣無法達到任何改革效果，儘管出現各種理論型態，都不可能改變資本在社會生活中的支配地位，也不可能單以勞動力支配資本。社會主義因此也不可能成為社會變動過程的最終階段。

綜上所述，不論是共產主義或者社會主義，依其本質都屬於依資本法則運作的商業社會中，依據**單一階級**所形成的理論體系。相對於其他的上層資產階級，這個單一階級就注定成為弱勢，如果它要獲得有效力量對抗支配階級，以實現自身社會流動的希望，就必須結合另一種力量（權力），而且這個力量（權力）的本質與任務就在於提升下層階級。這個力量（權力）就是**國家**。

## 社會民主的理念及其雙重體制

毫無疑問的，不論依據政治理論或者實務運作，國家都會因為下層階級與勞動階級的依賴而受害。依賴現象的範圍愈大，代表國家之中不自由的範圍愈廣，共同體因此愈貧窮，國家公權力因此愈不振，社會兩大階級持續擴大的對立，愈容易腐蝕共同生活的基礎。扶助下層階級不僅是國家依其公益性質應該具備的責任，也是國家依其理論建制應該

具備的目的，下層階級與勞動階級如果認知到共產主義與社會主義欠缺實踐可能性，就會轉向國家，將社會平等原則寄託在國家公權力，藉助國家制度以落實社會平等。

　　勞工階層所需要的是資本。期待個別的資本家滿足勞工需要的資本，根本不切實際，除非消滅這些資本家的社會地位與經濟地位，畢竟每個人都需要私有資本以供自身發展。國家本身並沒有財產，國家所擁有的財產，以及依據法律所獲得的財產，原本都屬於國民所有。勞動如果轉向國家，首先會將國家視為資本家，期待勞工的勞動力與國家資本互相結合，主張國家應該成為一個企業體，將原本流向個別資本家的企業盈餘分配給勞工，因為國家本身並不需要這些盈餘。透過上述過程，勞工雖然不會實質擁有資本，卻能夠擁有資本帶來的利益。然而，正因為國家被視為企業體，所以國家必定進一步主導勞動，國家還必須自行判斷、精準計算整體需求與整體生產的關係，並且依其計畫，將勞工分配到勞動市場，將盈餘分配到勞工生活，只是不控制勞工如何使用其分配到的盈餘。

　　這樣的思想，我們可以總括在**勞動制度**（Organisation der Arbeit）的概念下。所有的施政計畫，將國家公權力整合為企業體的功能，分配企業盈餘給勞方，以使其獲得資本利益，都屬於勞動制度的整合概念。姑且不論實踐的經驗如何，反對的意見認為，個人的勞動反而會因為必須配合施政計畫變得不自由，這個制度終究不會為勞動帶來任何改變。至於單純的提高工資必定不可行，它會導致產品價格上漲，價格上漲又帶動消費水準上漲。上述勞動制度的整合可

以被視為國家理念與勞動階級互相結合的最初形式，這種結合只有短暫的效果。

第二種結合形式隨即產生。既然商業社會中的個人自由只能透過個人的勞動營利行為才有可能，所以就只有一種方式可以使人獲得資本。有鑒於資本本身必定是有限的，所以這個唯一方式不在於釋出實際存在的財產，而在於將**勞動能力或者經營能力資本化**，使得任何的勞動營利行為在開始的階段就能夠配備適當的資本，這樣的勞動與營利就能夠以自己的力量實現資本的可能。這個存在於每個個人勞動營利行為的資本，就是**信用**（der Kredit）。國家必須致力於信用制度的建立，以使得每個人都能夠依其勞動力獲得相對的信用，這樣的信用機制其效果就如同每個人都能夠獲得生產物資以發揮其勞動的獲利能力。但是，由其他私人所獲得的信用，必須支付利息。利息會壓縮獲利的空間，造成使用信用機制的勞動者難以累積資本。只有不需要獲利的國家有能力免除利息的負擔。從而只有國家公營的信用制度有能力提供國民免利息的資助措施。

上述資助措施可以總括在**信用制度**（Organisation des Kredits）的概念下，信用制度的整合因此比勞動制度的整合具有更高的意義。信用制度並不侷限於單一授信體系。由於信用制度將個人的物質發展條件轉移到個人勞動可以掌控的範圍，可說是最符合自由理念的制度，它通常具有跨領域的特性。

國家為了能夠提供信用，亦即為勞動提供生產物資，它自己必須先擁有這些生產物資。為了擁有生產物資，國家還

是必須從有產階級獲得這些資源。但是,有產階級通常也是社會支配階級,同時也掌控著國家公權力。要實現這種由國家提供信用機制的理念,實質上等於要求支配者運用其支配權力,自行讓出其支配權力最有力的元素,甚至讓出支配權力,而交付到原本的被支配者手上。這樣的循環矛盾終將迫使無產階級轉向憲法層次的訴求,他們將透過憲法規範取得國家權力的主導優勢,並且運用國家權力使得自己能夠獲得資本,以提升自己的社經地位。社會平等的理念歷經共產主義與社會主義的錯誤經驗,無產階級開始思考自身與國家的關係,他們立即認知到必須建立一個以「無產階級支配」為主軸的國家憲政,這已經是必然的、無可迴避的政治選擇。

在這個關鍵點上,社會平等的理念有了新的方向與動力,並以此新元素連結國民的生活,它源自於政治變動,卻在政治變動階段成為未竟的事業,現在則在社會變動之中等待它的未來。這個新元素就是**民主運動**,民主運動的起點又在於**共和主義**(das Republikanismus)。不論是民主運動或者共和主義,都會高舉純粹的、與財富脫鉤的人格概念,亦即純粹概念式的人格平等。由於所有的人依其概念式(理論)的分析,都是平等的、自由的,而且具有完整的自主性,因此會依此概念要求代表自由的國家憲政應該保障每一個人平等的參與、形成國家意志,亦即平等的參與代表國家意志的立法行為。然而,民主理念的功能也僅止於此。民主運動完全不涉及國家生活的第二個領域,亦即國家行政的功能,國家行政的運作完全不同於立法行為的形式與生態。但

是，在依法律行政的原則下，行政與立法行為的互動中，行政權的運作完全符合社會變動要求物質財富平等的特質，因而形成自由變動的兩大階段政治變動與社會變動之間最自然、也必然的連結，其中民主共和指向憲法與憲政，社會變動則指向行政及其目的，換言之，展現國家意志的立法行為所通過的預算資源，應該運用在社會流動，並以此作為國家行政權力的目的。

以上的內容呈現社會理念及其自由變動的最終發展階段，它所形成的概念與意義就是**社會民主**（die soziale De-mokratie）。依此分析，社會民主的基本原則就在於憲法層次規範的平等投票權，以及行政目的在於緩解勞動階級的社會依賴。在社會民主的運作下，係由憲法落實民主，而行政則落實社會流動。整個自由變動的歷史過程必定導向這樣的體制連結，這也是下層階級對抗社會不自由所產生劇烈變動的終極階段。在社會民主的體制中，社會對立的力量都達到它們的巔峰。到了這個階段就只有兩種發展可能，類似前述政治變動的分析，兩者具有相同的本質與概念，那就是**社會改革**（die soziale Reform）或者**社會革命**（die soziale Revolution）。

儘管最終結局未定，可以確定的是勞動對資本的依賴與自由理念是互相矛盾的，這種矛盾不能視而不見。如果不能澈底消滅勞動階級的自由理念，那麼勞動階級必定持續努力實現自由。世界上再大的力量也無能避免這樣的矛盾。自由理念的永恆基礎都在於獲得精神資源，亦即教育機制。只要有教育，就開始形成社會理念；社會理念萌芽，就會持

續追求平等原則；如果已經成為世代複製的勞動階層能夠認知到上述過程，這些無產的下層階級即使歷經共產主義與社會主義的迷途歧路，最終必定走到社會民主體制作為自由的巔峰。社會民主的理念與過程不是抽象主觀的理論，不是某種想像的境界，也不是偶然形成的現象；只要相關條件成就，或者具備客觀因素時，就會呈現在社會生活的歷史中。忽略它的必然性，就是盲目；壓制它的變動過程，就是無知。如果不是**自由理念**與**商業社會**之間存在如此深刻的內在矛盾，也就不會出現社會民主的訴求、認知與組織體制。

## 社會革命

我們回顧上述內容，所分析的都還只是因為無資本而處於被支配地位的階級，他們在不同的理論體系中，在精神層次所呈現的自由變動狀態。在那些共產主義、社會主義與社會民主的思想中，不僅呈現出商業社會秩序自我矛盾的現象，同時清楚呈現出商業社會與自由理念的深刻矛盾，如果支配階級選擇忽視這些現象，就會激發更多人相信那些思想的正確性與實踐可能性，下層階級因此更堅決地相信，支配階級之所以會否定那些思想的正確性，只是顧慮自己的利益要被消滅，只是要保障自身階級的特殊利益。所以當下層階級充分認知到平等理念的社會意義之後，他們就會全力擁護上述思想的任何一種，因此，社會平等的原則就會立即在下層階級之中形成某種穩定的、具有組織力量的社會結構，藉著這個社會結構的凝聚力不僅將下層階級的群體，同時將他

們的思想共同結合成一個巨大的引爆點。

到了這個引爆點所產生的現象就具有高度重要的意義。到目前為止，下層階級都還只是透過一種屬於國民經濟的要素，亦即勞動的要素成為一個整體概念，勞動依其經濟意義都還只是個人自身以外的要素。所以下層階級只是一個群體，不具有內在精神的連結，他們雖然共同呈現同一種社會地位，以及同一種經濟意義的共同體，但是他們卻不是**意志上**的共同體。所謂意志上的共同體，是指對於自身地位具有共同的認知與提出相同的訴求，因此得以在這個部分的社會中形成某種獨立自主的生活現象，這個自主生活具有自主的、有意識的反抗現行社會秩序的力量。具備這樣的特性，下層階級就成為一個全新的概念，那就是**無產階級**（das Proletariat）。

無產階級依據社會平等理念對有產階級提出的訴求，有產階級既不願、也無能滿足這樣的訴求。無產階級要求國家應該採取的作為，既違反國家的概念，也不符合法律的目的。他們立即認知到，在現行社會秩序與國家規範之下，是不可能實現他們的社會平等訴求。因為無產階級已經清楚看到，那些享有社會支配權力的有產階級同時也擁有國家公權力，所以無產階級會進一步認為，國家機制之所以無能改善他們的困境，是因為國家提供的扶助措施，反而使得那些擁有國家權力者，他們的社會利益、家族利益與個人利益因此受到排擠、甚至攻擊。無產階級因此形成共識：不論是何種國體與政體的國家公權力，都不可能實現社會平等理念，因為國家自身就沒有期待可能性。因此，無產階級終究相信必

須憑藉己力，也只有依靠自身力量才能獲得國家公權力的扶助，依據這份信仰，無產階級因此有了奪取國家公權力的正當性，並以國家力量實現他們心中的社會平等理念。

要真的落實上述過程，當然是非常的困難，因為無產階級是社會生活中最弱勢的群體，既不可能在數量上完全超越有產階級，更不可能在力量、勇氣與決心上勝過有產階級。然而在某些條件下，無產階級是有可能掌控國家權力。這種情形必定結合民主政黨的作用才有可能發生，如果無產階級結合民主政黨進而掌控國家，這樣的革命就是真正的社會革命（die soziale Revolution）。

我們如果合併思考社會革命與之前章節所分析的國家與社會的本質，就能清楚的判斷，任何的社會革命都違反國家與社會的本質，它本身既不是一種進步，也不構成任何進步的條件，而是一種災難，它的下一步終究落入實踐的不可能。

由於社會革命的目的是為了無產階級的利益，或者無資本的勞動利益而控制國家公權力，這個過程將會使得原本依其本質為公益的國家權力轉而落入社會特定階級的掌控。這樣的階級同樣有其專屬的利益，他們主張以此特定利益涵蓋全部的社會生活，成為全部的社會利益內涵。他們必定運用國家公權力實現這樣的特殊利益，以提升其社會地位，進一步剝奪被壓制者（原資產階級）的社會自由與社會自主，方法就是禁止參與國家公權力，禁止從事任何公共職務。這樣的做法終將扼殺半數共同體的功能，導致整體國家與社會的不自由。這樣的不自由固然源自於勞動對資本的單向支配關

係，實質上也等同於資本對勞動的單向支配結果。因此，無產階級的勝利就等於不自由的勝利，矛盾的是，無產階級的奮鬥原本卻是為實現自由。

然而這種不自由的狀態，卻是所有不自由最歪曲的、最腐敗的、最無望的現象。因為在這種不自由狀態中，擔任支配者的下層階級卻不具備真實支配關係的各種條件，他們既欠缺物質財富作為真實支配關係的基礎，在精神財富部分也不如有產階級，甚至是遙不可及。不論是下層階級或者無產階級都欠缺內在真實的正當性以掌控國家公權力，而且我們都很容易觀察到，正是前述的內在正當性造就上層階級掌控國家公權力，也因此使得上層階級的支配地位具有道德正當性。從而無產階級掌握國家公權力是一種雙重的矛盾，無產階級奪取的社會支配與統治關係必然導致絕對的不自由。

以上分析的過程，不僅適用於國家公權力的本質，也適用於無產階級掌控國家公權力之後的意志表現。他們之所以掌控國家，目的在於獲得資本以完成社會自主地位所需的第二個條件。不論所依循的是哪一種社會平等理論，有一個觀點則是這些理論處理資本問題的共同基礎。那就是任何的資本都是透過勞動所產生的，依據資本的概念就清楚表明，資本是過去勞動價值的累積，而不是已經消費過的勞動價值。無產階級取得統治地位之後，透過國家而獲得的資本或者勞動，實質上就是一份無勞動的資本，對於獲得的人而言，這一份資本違反資本本身的概念。因此，資本不再具有資本功能，那只是一份贈品。換言之，無產階級握在手中的資本根本不具有資本的特性與價值，影響所及，資本必定逐

漸消失，原因在於無產者欠缺管理資本的知識與能力，必定陷入經營困境，又或者無產者自知無從取得資本營利的效果，於是將資本浪費在短暫的幸福感。相對的情形，資本必定奪取自原本付出勞動的經營者，如此一來，使得原本的有產階級落入貧窮，而原本的無產階級卻無從致富。行文至此，已經不需要再做論述，社會革命本身無疑的是一種絕對矛盾，即使付諸實踐也是一件荒誕不經的集體妄為。

正因為無產階級對於掌控國家公權力欠缺內在（實質）正當性，所以他們必定尋找外在（形式）的要素以維繫其統治力量。然而上述的絕對矛盾又會使得這個用來鞏固下層階級統治力量的外在要素立即成為不可能。

無產階級所尋找的第一個外在要素就是國家憲政。所有以「無產階級民主」為基礎的憲法，都規定普通、平等的選舉權以產生國家元首與公職人員。針對這個憲法原則，我們必須釐清其中的錯誤。許多人認為勞動階級與無產階級占有數量上的優勢，所以普通、平等的選舉制度必定選出社會政黨或者無產階級以掌控國家權力。然而我們可以明確指出這是錯誤的主張。在一場社會革命中，成為失敗者的人數遠遠大於勝利者。歷史的經驗告訴我們，普通、平等的選舉權永遠不可能建構出具有社會意義的支配關係，只有在特殊情況下，社會政黨有可能取得暫時性或者區域性的勝選。「無產階級民主」必定配合著政治自由運動（政治改革或政治革命），才會出現這樣的勝選。如果無產階級的民主制度與政黨欠缺政治自由的動員力量（普通平等選舉制），他們本身就只是個弱勢的政治力量。他們之所以堅持普通平等的投票

權，原因除了這是一貫的政治主張之外，另外的原因則是明確知道，普選制度能夠獲得選票利益，但是普選制度既不能夠使「無產階級民主」取得政治優勢，也不能夠維持政治優勢。

如果藉著憲政途徑不可能建立政治支配，無產階級就只剩下另一種外在力量，一種純粹物質意義的權力關係。毫無疑問的，無產階級的政治支配權力必定走向**暴力統治**（eine Gewaltherrschaft）的現象。暴力統治通常具有恐怖性格，它的實際運作必定針對任何威脅它存在的因素。在無產階級的支配權力之下，足以構成威脅的因素必定是原本上層階級賴以存在的因素。這些因素以及上層階級的存在，對於無產階級的支配權力構成一種永恆的緊張關係，也構成兩者持續的鬥爭狀態。所以無產階級會想方設法、用盡全力，不僅要消滅上層階級，還要消滅上層階級賴以存在的社會基礎。在這個關鍵點上，無產階級的支配權力出現一種新的鬥爭型態，我們稱之為恐怖主義，或者恐怖統治（die Schreck-enherrschaft），這是一種充滿血腥、本質上永無止境的鬥爭，人類歷史上最可怕的現象，不僅僅是因為它犧牲無數生命與財產，而且透過上述社會意義的謀殺所換得的卻是完全不可能實現的空想。恐怖統治就是社會革命矛盾本質的極致現象，到了這個階段，恐怖統治也開始翻轉，必須面對另一種挑戰。

如前所述，無產階級為了鞏固支配關係，必須掌握相對的權力，然而他們卻得不到這個權力，不論是政治權力或者社會權力。無產階級只可能取得短暫的支配優勢，然而不

論在數量、天賦與能力都處於不利的情況下,他們都無法抵抗有產階級的奮力反擊,這種反擊通常就是進行血腥鎮壓與報復。有產階級的反擊必然獲得勝利,由於這種反擊本身也是一種暴力,所以有產階級完成壓制之後還會短暫使用暴力,直到重新恢復秩序,並且在有產階級與無產階級的社會對立之上,形成一種專屬於這種暴力的獨特地位。這樣的獨特地位,當它的暴力行為不再具有社會理念,當它的支配不再具有社會意義時,就是**獨裁專制**(die Diktatur)。實際爆發的社會革命,最後都以獨裁專制才得以終結。由於獨裁專制是超越社會對立的,所以它的權力本質也是超越社會支配的權力關係。獨裁者因此宣稱具有獨立自主的國家權力,據以制定國家法律、履行國家責任、自我加持源自於國家的神聖地位。

任何社會革命的終點就是專制獨裁,它代表著社會對立過程中,再度出現的國家理念,這個國家的必要性超越社會對立關係,取代個別社會階級的支配力量(有產階級、勞動階級或者無產階級),因此能夠具備權力基礎,行使支配力量。我們也因此得以驗證之前的理論命題,亦即共同體的歷史發展總是在對立與衝突、國家與社會、自由與不自由之間變動著。以上所分析的就是自由變動的第三個途徑,我們要面對的最後一個問題:自由變動是否還有第四種途徑,並以此為我們展開一個全新的歷史契機。

## 社會改革

提出社會改革的概念,代表我們的分析已經到達最終

階段。本文原本設定的目的在於釐清國家與社會的發展規律，至於具體的措施以解決共同體的內在矛盾，並不在原本所要討論的範圍[4]。然而，基於以上的分析，針對這個經常被使用的社會改革概念，本文至少已經建立了正確的觀點，據以判斷社會改革的虛實與對錯，我們在最終階段提出社會改革的判斷標準，並以此做成結論。

　　能夠擁有並且獲得精神與物質兩個層次的財富，既是人格自由的條件，也是人格自由的內涵，我們針對這個論點已經做過充分說明，那麼就必定存在某種發展狀態符合這樣的理想生活，儘管針對這種發展狀態曾經出現過諸多錯誤的理論與思考方式。

　　這種理想的發展狀態並不在於**平等理念**的實現。本文之前已經提出平等理念唯一正確的理解方式。平等理念並不是人所創造出的概念，而是一種歷史演進過程所出現的生活事實。因此，他所要呈現的並非某種真理，而是一種歷史現象，作為一種歷史現象，它的出現需要特定的客觀條件，它的存在與消失也都需要特定的時代背景與條件。因為人皆平等的狀態不是思考的結果，不論是過去曾經發生的或者未來期待發生的狀態。只有在概念分析的領域（人格概念），每個人都是平等的，但是對於每一個人來說，概念上的存在只是單一的面向，每一個人固然都是自身概念所表現的現象，但是它還具有更多的面向，他同時還是自身概念所表現不同於他人的獨特現象，他是一個具有個人特色的個體

---

4　這些具體措施應該指的是行政理論的範疇。

（eine Individualitaet）。我固然可以用不同方式表現出我的個體性，但是萬變不離其宗的共同事實則是個體的差異性（die Verschiedenheit）。當我最終能夠明瞭，個人之所以具有獨特的個體差異性，原因並不在於他們原初的個別存在，而是在於個體與共同體的互動關係中所產生，更由於共同體代表的就是人格概念的完整實現，所以我必須接受這樣的推論，那就是純粹概念下所理解的人（人格概念），必定透過他的公共生活建立自身的個體性，這樣透過公共生活產生的個體差異性，又如何基於公共生活的理由又要被否認。因此，純粹（哲學）理論上所強調的人皆平等，不僅毫無歷史事實的依據，也不符合人格概念的分析結果。如果人皆平等的理念具有真實性與正確性，那麼它也會與所有客觀世界形成矛盾對立。不論是機械領域或是動物世界都不可能在最細微的兩個結構中出現完全平等的現象，如果所有外在世界從植物圖譜到微生物分類都呈現多元差異的現象，我們又如何能想像出最高等、結構最複雜的人類生活，竟然能夠創造出如此絕對的矛盾呢？如果生活的概念就是由差異性與有機體作為出發點，我們又怎麼會想像出某種屬於人的動態發展世界，在其中卻要否定作為生活與奮鬥基礎的多元發展與個體差異呢？

　　儘管有這麼多疑問，我還是不願相信務實思考的人們會將一個屬於哲學辯證的平等理念當作自身思考的結果，比較真實的情況應該是，人們主觀上就直接認定平等是既定的前提，再依據這個前提建構出法哲學、國家哲學與社會哲學的體系。我們只要認真檢視平等理念的發展源頭，就能證明事

實也是如此。人們習慣上已經在學術領域將平等理念當作哲學上的事實，就如同在日常生活領域將平等理念視為歷史上的事實，這些現象我們都已經分別說明過。

　　類似平等理念所產生的迷思，人格自由的理想狀態也不等於單純的**消滅貧窮**。我們現在已經可以明確區分貧窮（die Armut）與無產（das Proletariat）是兩種不同的生活事實，儘管它們彼此之間關係密切。一言以蔽之，所謂的貧窮是指失去勞動能力，或者實際的勞動不足以滿足基本生活需求；所謂的無產則是指勞動者用盡全力，但是他的勞動力卻不足以產生資本盈餘。針對貧窮，必須提供津貼補助；針對無產，則必須為勞動創造獲利可能。在一個社會中，有可能出現貧窮現象，卻不見無產階級；也可能出現無產階級，卻不見貧窮現象。然而這兩者都不是真實的社會流動議題。

　　社會改革所要面對的、解決的是**社會問題**（die soziale Frage），社會問題源自於規範勞動與資本相互關係的**法制**中，它的規範效果必定外溢到其他領域，深刻主宰著社會秩序、憲政制度，以及所有個別人格的自由發展。在我們實現社會流動的同時，如果能夠明確標示出影響社會流動的對立要素，就能更有效地選擇應對措施。我們在此總結以上的分析結果，藉以突顯社會問題的核心內涵。

　　我們先前已經分析過，無產階級的矛盾在於對有產階級的依賴，依賴又源自於無產階級只有勞動，卻無資本盈餘。這樣的依賴關係如果是基於勞動及其獲利的法制所產生，再因法制而固定，是否就應該透過社會改革進行修法予

以消除呢？

由於勞動與財富向來就明白定義著社會秩序，在其中資本與單純勞動力構成社會的兩大階級，因此上述的依賴性必定呈現在勞動階級對有產階級的依賴關係上，那麼我們可以先思考的是，這兩大階級的存在，以及完全消滅兩大階級的差異，會是當代與未來社會問題的核心內涵嗎？

我希望再次提醒讀者對這個問題應該特別的投注心力。依據長年對這個議題的研究，我清楚的認知到，無知要比誤解帶來更大的災難，更會無限拖延有效的解決方案。人們必須同時清楚掌握，哪些是無關的，哪些是相關的議題。

我們如果清楚認知勞動與資本的本質，就不會質疑社會秩序中區分有產者與勞動者，而且後者對前者的依賴關係絕對不會與人格概念，或者人格自由的概念互相矛盾，**前提必須是資本都源自於勞動的成果**。因為，這種狀態代表的意義是，資本表現出人的生活的較高發展階段，沒有任何觀點會否認，較高發展階段的本質必定在於促使較低發展階段出現對己的依賴關係。其次，對於較低發展的勞動而言，獲得生產物資達到勞動致富，必定成為較高發展的途徑。因此，只要勞動與資本的本質維持不變，必定持續創造兩者之間的差異性與依賴關係。

如果社會改革的目的是要消滅上述的勞資差異與對立，就根本違反人類生活的本質。如果欠缺勞動的發展過程，人類是絕無可能從單純勞動直接轉換出資本，也不會真的期待無勞動就立即獲得資本，因為這樣將會摧毀勞動轉換

成資本的發展過程，畢竟在這個過程中，才是人類建立財富與資本的真實基礎。任何消滅上述勞資差異與對立的主張，同時也消滅人類生活共同體本身。

事實上這樣的主張也不是無產階級的期待，無產階級並不會希望突然變身資本家，無產階級所要的應該是**獲得資本的能力**，這才真正構成社會問題的核心內涵。

真正讓人自由的原因在於有能力克服外在生活的限制，並且使得外在生活為己所用。自由的目的也在於擁有這份能力，以自己的行為持續建立新的自主性，進而達到支配外在生活的地位。在現行商業社會中，資本就代表著這個支配地位及其實踐。因此，在現代社會生活中，人的自由就在於**如何使得自身的勞動有能力轉換成為資本**。

透過這份能力，使得每一個人都能夠以自己的勞動力打破社會階級的固定結構，以及加諸自身的依賴關係。這種可能性才是人格自由的關鍵力量，也是人格自主的絕對條件。如果這種能力消失，現行社會秩序就會與人格理念形成對立，社會秩序終究會在對立中產生鬥爭，難逃社會分裂與文明消失。如果存在這種能力，代表勞動力能夠持續產生創造資本的可能，社會秩序就不會與人格理念對立，即使兩大階級之間仍然存在明顯差異與依賴關係，社會秩序仍然得以穩定維持。

在當代社會結構中顯然同時存在著社會問題與社會改革，我們必須要問的是，依據現行商業社會的運作，是否仍有可能制定出這樣的勞動制度與配套措施，使得任何勞動種類與規模都能夠獲得相對應的財富。所有為勞動創造上述可

能性的務實行動、施政計畫、法律制度與機關團體，都構成**社會改革**的內涵。

這些才是社會改革的正確認知，帶著這份理解，我們就能夠回答最後的問題。依據本文的分析，社會結構是由社會的組成要素所決定，國家公權力只能扮演推動與發起的功能，既然社會改革的目的明顯牴觸上層階級獨占財富的利益，那麼，社會本身又怎麼可能單以己力實現社會改革？

歷史的發展已經明白告訴我們，社會之所以產生變動，關鍵因素都在於利益（das Interesse）的作用。但是我們也不要誤解利益的本質，以致於相信所謂的真愛（die Liebe）要比利益高貴，或者能夠發揮更正面的作用。**利益的本質就是對自我最有意識的愛**[5]，這樣的真愛反覆出現在每個人的生命，這樣的真愛正是人性之中最無法拒絕的力量，任何的意志作用與認知作用都沒有如此普遍又無遠弗屆的影響力，儘管在某些情況下，真愛依其對象會有程度與範圍的差別。任何有勇氣探索真理的人，應該不用懷疑這樣的說法。

因此，當社會要進行自身的改革，這個改革就必須符合社會自身的利益。我們不用欺騙自己，如果不是基於利益的動機，絕不會、也不可能發生社會改革。

真的是這樣嗎？毫無疑問的。如果社會秩序的運作原則

---

5　Das Interesse ist die bewusste Liebe zum eigenen Ich. 史坦恩以利益結合真愛作為社會改革的基礎與力量，這樣的論點相當類似儒家「計利當計天下利，求名當求萬世名」的主張，儒家並不反對追求名利，只是目標要放在天下利與萬世名，史坦恩認為人離不開利益，即使國家推行的社會改革政策亦是如此，最大的利益與最有意識的愛，本質上是和諧不衝突的。

（利益）會摧毀社會秩序中的自由，那麼維持人性向上的永恆和諧將會被澈底毀滅。因此，利益必定能夠促進自由，利益也必定能夠創造自由。

要證明這句話，需要另作全新的研究，而且超出本文的範圍。然而，我們至少已經呈現出真實社會改革的基本原則。所有社會有產階級應該清楚認知到，他們最大、最佳詮釋的利益就是：**用盡他們的社會優勢，促使國家公權力以其機制與資源全力實現社會改革。**

我們回顧社會理論全文的論述主軸，社會概念與社會秩序構成第一章，社會歷史規律構成第二章，社會秩序如何的支配國家憲政與行政構成第三章，以社會改革證明社會為其自身利益必須支持如此的改革，一方面避免社會革命的發生，另一方面必須完善法制與相關機制，促使勞動都能夠依其規模與類型獲得適當的資本盈餘，就構成社會理論的第四章以下的內容。

人們通常將上述第四章以下部分視為社會理論唯一的內容，但是，如果沒有深入探討前三部分，就不可能完整掌握社會改革的脈絡與核心問題。對人的生活而言，未來確實要比過去與現在重要得多，因為它既涵蓋也融合後兩者，所以社會改革確實要比前三部分具有更大的意義。

在社會理論的研究領域，我們應該高度尊重那些沒有因為仇恨、誤解與失敗而裹足不前的前輩，他們持續努力奉獻，使得這個知識領域、所有的行動、以及懷抱的希望，能夠共同開創出人類最大的福祉！

# 第六章　結論：德國與法國

　　以上就是我為這套論述法國大革命社會變動史的專書所寫的反思與導讀。導讀的目的在於清楚呈現社會與國家的概念，分析社會秩序及其變動如何成為主導國家生活的關鍵因素，並且提出**自由**與**不自由**的理念作為社會生活及其變動的真實內涵。我們相信，要掌握社會變動的對立衝突，就必須先清楚認識人類共同體的構成要素及其運作法則。如果要在這個領域有所貢獻，同樣必須先認識研究對象的事務本質。我們在這裡所要呈現的正是社會的本質，以及社會構成要素與社會秩序的本質。

　　然而我們也很清楚，即使所呈現的內容都力求正確無誤，也不可能完整涵蓋所有的社會問題，以及其中的對立力量。如果在此回顧並總結這份導讀已經作成的論述，我們也只回答了下列三個問題中的第一個問題：社會是什麼，社會力量及其對立特性是什麼？第二個問題應該是：如果社會秩序果真依據上述法則建立，社會變動也依據上述法則運作，掌握法則便得以掌握其脈絡，那麼在這個基礎上，如何判斷歐洲其他國家的社會現狀、社會危機與社會問題呢？接著就是第三個問題：本文所分析的社會兩大階級及其對立，必須採取何種方式予以緩解，換言之，歐洲社會的未來將何去何從？至少我們現在應該清楚區分這三大問題，以便分別進行分析與理解。但是建立正確合理的判斷之前，必須

先接受一個先決條件，那就是對於這三大問題不應該過分執著於過去曾經出現過的特定觀點。我們之所以特別強調這件事，是因為現代人們總是習慣依其主觀感覺選擇某些單向、片面的社會理論，想要以此觀照動態發展的時代，自己本身卻完全欠缺現代社會對立的體會與認知。我們雖然相信這種情形不會造成什麼損害，卻必須清楚指出這對於社會學術的建立毫無益處。尤其當我們想到德意志文化所特有的正直誠信，我們就必須承認，德國目前在社會領域確實不具備引人注目的研究成果。知識分子也都會慚愧地承認，德國目前在社會理論的發展通常只做到膚淺、被動的因應法國大革命的影響。但是這對於擅長哲學思考的民族而言，卻不是什麼光榮的事。如果德國人只想跟著法國人的腳步，那麼，什麼都不做也就勉強說得過去。然而，現代社會變動的巨浪已經嚴重衝擊國家與民族，強力震撼所有的穩定與現狀，在如此重大的關鍵時刻，我們德國人應該當仁不讓的承擔重任，展現德意志優秀的學術能量。如果我們要做出偉大的貢獻，像法國人已經產出的理論與付出的行動，就必須更加深入人類共同生活的核心，更必須反思傳統的生活關係，當法國人還停留在各種社會理論（soziale Theorien）的何去何從，深陷主觀意識型態的危險與不切實際，我們就必須提升到社會學術的層次（Wissenschaft der Gesellschaft），建立客觀認知的體系，以掌握社會要素與社會秩序的規律與法則。事實上，除此之外也別無他途，這不僅能夠開啟德國人思考社會問題的時代，更關乎如何實際有效的解決社會問題。如此，我們就能宣稱，在法國人曾經超越德國人的地

方，德國人將以其系統思考能力，認真梳理這個人類普遍的問題，我們將在法國人停留不前的地方，接續承擔這份學術思考工作。偉大的法國不會因此失去光彩，因為它首開風氣之先，一路引領風潮；偉大的德國卻會因此更偉大，因為這是它的使命，它將用自己的方式去完成這件源自於德國卻又曾經讓德國人無所適從的工作。為了達到這個目的，我們必須找到一個站在法國既有基礎之上的出發點，這個出發點不正是法國大革命五十年來一直被我們忽視與低估成某種突發事件與過渡性質的社會問題嗎？確實如此，這個出發點對我們來說不應該只是哪種社會理論的選擇問題，而必須要從基礎的概念、本質一路連結到最極致的社會生活態樣。社會生活必定有其永恆不變的法則，因為**人格發展**與**經濟資源**就構成社會的永恆要素。如果所有的大自然，從太陽系的行星運行到植物種子的成長過程，從人體的發育過程、甚至偶發事件都有可預測的軌跡，那麼為什麼地表上最極致的生活，也就是人的共同體在其結構、秩序與變動會欠缺規律與法則呢？如果具備規律與法則，那麼這些法則內含的構成要素與互動關係，都將成為人類社會的認知基礎。這裡就是我們德國人應該努力的地方，社會問題的急迫性也促使知識分子全力以赴。

因此，我會在大部分人都只是選擇某種社會理論解決社會對立的年代，致力於社會概念與社會本質的基本理論。然而我們也很清楚，如此深刻的問題不可能因為某個突然出現的制度而解決。社會概念與本質源自於人的（矛盾）本質，以及人在追求自由的過程中展現的深刻必然性，所以在

這個領域任何有意義的工作都是千萬人共同參與的成果。如果能夠歸納這樣的必然法則，將會為後續思考帶來豐沛動力，所以我們在研究的開端，就必須專注在研究對象的基本概念與要素。當這些基本概念與要素建構出觀照全局的架構與體系，那麼任何人在這劇烈變動、複雜混亂的歷史環境下，都能夠依據如此的成果掌握其中的脈絡，歸納清楚的應對措施與務實行動。這正是我們分析法國社會變動史的意義所在。

但是，我們在這裡提出的社會學術基礎知識，是否只是一種符合邏輯的辯證結果，或者我們所強調的客觀知識，是否具有人類生活的真實性，關於這些疑問只能留待上述三大問題的第二個問題來回答，那就是整個歐洲社會的歷史發展及其現行結構是否印證本文的分析。關於歐洲社會的問題，它的範圍已經超越單一作者與單一論文的能力。即使願意開始著手，也無法順利完成，我們相信未來的歷史學家群策群力必定能夠回答上述問題。如果本文的研究有其實用性，它就不僅適用於某個限定的時代。它必須全方位的觀照社會與國家到目前為止鮮少探討的有機互動關係，它還必須有效連結國家史與法制史，呈現這兩者如何受到社會理念與社會變動的支配。這樣的工作對於任何單一社會都不可能由單一個人完成，更何況全歐洲的問題？我們雖然受限在當代時空環境，然而當代卻充滿著社會變動的劇烈過程與多元面向。在這樣的時代中，我們選擇了單一民族作為社會變動的觀察對象與歷史平臺，這個民族就是法國。

德國離我們更近，在這個問題應該更吸引我們的注

意。然而德國有其獨特性，在社會問題尤其如此。德國傳統上分裂成眾多諸侯國，卻維持單一民族。所以德意志民族用盡全力與資源都在追求政治意義的統一，並以此作為整體自由的首要條件。但是這樣的統一卻從未實現，因此德意志民族總是深陷政治運動，這種國家統一的政治運動截然不同於社會變動的構成要件與發展方向。然而，德意志民族重視教育，可說是歐洲教育制度最完善、教育水準最高的民族。如此的教育成果必然激發社會層面的自由發展，也依此途徑促成社會變動。因此，當代德意志同時呈現著兩大變動的衝擊，在所有以自由為名的具體行動中都混合著這兩大元素，這是德國的獨特現象，卻必然弱化整體行動的力量。整體行動需要統合精神與物質的矛盾，以展現真實力量，這樣的整體性需要以單一目的為前提，但是一致目的並未出現。在政治運動方面，目的在於追求德國統一，大都鄙視當下的社會運動，不僅貶低其意義，而且運用權力進行壓制。在社會運動方面，部分團體蔑視民族統一的政治目的，其他則視政治統一為無物，完全區隔兩者界線。影響所及，兩種運動互相抵銷各自的實力與影響力，這種衝突對立構成位於法蘭克福的「德意志國是會議」的實質內涵。因為貶抑社會運動的意義，所以政治運動追求統一的目的被弱化，他們本身也面臨內部分裂，甚至因此達不到民族統一的目的，這就是那段詭譎多變的歷史脈絡。如果本文分析自由變動的法則是正確的，那麼政治改革就必須優先於社會運動。因此，很明顯的，如果德意志民族再度群起反抗專制，社會運動應該退居其次。果真如此，那麼德國統一之後

就能夠順利解決政治組織與權力分配問題，在這個政治基礎上才得以有效進行社會改革。因此，德國的下一場革命必定是政治革命，以決定國家的政治組織與權力分配。然而同樣必然的是，社會運動將會在政治革命之後爆發，這會是有意識的時代進展，當德國完成政治統一之後，就會隨之出現社會自由或者不自由的問題。我們之所以如此強調，因為已經完整分析過自由變動的法則，我們也再次強調，所有當代熱切提出社會問題及其理論作為整體行動目標的人們，並不瞭解人性及其生活本質，他們固然立意良善，卻因為時間錯置終究功虧一簣。所謂時機成熟，代表船到橋頭自然直；時機未到，注定只是揠苗助長。目前德國統一的障礙還有民主政黨競相發動的社會運動，當他們能夠在過程中認知到真實的狀況，逐漸修正或放棄激進的社會運動，反而會更接近他們主張的民主理念，在實踐民主的結果之前，他們必須先瞭解民主所需要的條件，要比強求民主的形式重要得多。

正因為政治運動與社會運動的同時發生，所以德國模式不足以解釋社會概念及其秩序與變動，反而需要從這些概念中獲得啟發。法國的狀況就完全相反。

法國總是能夠快速的吸納歐洲整體的變動及其元素，成為自身文化的結構。因此，在公共生活的領域，法國容易成為全歐洲的注目焦點，人們普遍有這樣的共識，法國是檢驗國家生活與社會生活各種原則的最佳場域，尤其是檢驗這些原則能夠發揮的實質影響力與真實性。法國的這些特質當然包括社會變動及其對立的元素。法國的社會歷史也比其他歐洲國家蘊含更豐富的衝突事件與理論分析，它的當代社

會尤其呈現劇烈變動如萬花筒般的獨特景象。不論是知識分子、資本家、歷史家、思想家都能在這裡找到足夠的資訊，以觀察當代歐洲社會變動的原因及其對立元素。針對過去的社會對立，都已經不可能只停留在共產主義與社會主義的簡單論述，目前的社會狀況更不可能了。當代社會變動的範圍與深度，已經完全超越那些單向與片面的社會理論，針對法國社會的變動，我們必須更深入探討社會現象的深層原因，不能只觀察眼前的社會結構，還必須將它放在法國社會歷史的演進過程中進行理解。這段歷史演進不是依據主觀意志計畫完成的串聯事件，也不僅止於時間序列中連續發生的影像合輯。它還具有某種內在生命，也希望展現這種生命，能在其中看到歷史的勞動過程，才算掌握歷史及其意義，而這些事件與影像都已經忠實呈現在我們眼前。

上述對於法國的認知，也就等於認識一整部法國歷史，要認識法國歷史莫過於掌握 1789 年以來的歷史過程。人們愈來愈清楚知道，其實自己的歷史都是亦步亦趨地重複同樣的過程，在德國尤其如此。然而在法國所發生的社會變動史，並不是因為法國人擁有特殊的天賦，這段歷史的特殊意義在於，它並不是專制帝國的強力作為所產生，而是在無外在因素干擾下，所呈現最純粹的國家社會互動關係及其支配法則。其中所發生的重大事件，以及相應頒布的法律文件，都是必然發生的現象，我們之所以如此強調，是基於詳盡的整理分析。1789 年與 1830 年之所以發生政治革命，是一種必然；其後出現的社會理念，是一種必然；社會民主在 1848 年的革命中獲得首度勝利，是一種必然。這些重大

事件雖然並不必然在相同的年代中發生，也不必然在相同情況下發生，但是它們卻是如此必然的接續發生。法國歷史就是社會理論的最佳劇本，自由的發展過程也不可能再有其他的內容，儘管在英國與德國關於自由的構成要素或有不同，但是自由的發展過程則是普遍一致的。因此，社會理論的焦點必定集中在法國及其大革命前後的年代。法國的所有生活元素高度集中在巴黎，所以能夠近距離觀察、紀錄社會生活在精神與物質層面的發展及其對立衝突過程，其間變化之快速，是可以進行逐月的比較研究。未來五十年我們在社會問題能夠討論與思考的素材，在巴黎就可以提供最原始的模型，所有基於不同社會類型所產生的憲法模式，以及因應不同憲法所必需的國家組織，也都在這段期間被充分討論過，碩果僅存的制度都是 1789 年到 1795 年間磨合的成果，未被提出的制度其實所剩無幾。接下來所看到的也都是複製轉貼這段經驗，所呈現的都是大同小異的政治制度，法國大革命足以成為歐洲社會的縮時攝影，我們也因此專注觀察法國社會，它的豐富內涵完全補正了它的侷限性。

　　如果法國如上所述提供著社會歷史的真實圖像，那麼這段社會變動可以區分成三個階段。第一個階段就是單純的政治革命，從 1788 年到六月革命，變動的力量在於，欠缺法制保障的中產勞動階級戰勝資產階級與支配階級。第二個階段則是無資本盈餘的勞動階級逐漸成為無產階級，進而形成與資產階級的矛盾對立，再深化成勞動與資本的矛盾對立，這段時期是社會理念及其各種理論的百家爭鳴，其中的核心價值就是如何定義與安排自由與平等的相互關係。第

三個階段則是社會民主的興起及其逐漸取得主流價值的過程。這三個階段就構成本套專書的三冊內容。

　　最後在結束之前有一個附帶說明。我們已經分析了社會秩序、社會力量及其變動如何必然的支配國家憲政。在這些原則性的分析之外，接著就觸及實務的面向，也就是這些支配法則如何應用在具體的國家機關與國家行為。在導讀中，我們必須割捨實務的說明，因為具體的應用必定依據各個國家的實際狀況而定。所以留待處理的問題是，在如何的範圍、以何種途徑、發揮何種力量進而影響到某個具體國家的法制、組織與機制。但是有一點很清楚，法國大革命的變動史必定提供足夠的背景資料，以證明社會要素及其變動力量主導著公法機構的設立，同樣主導著社會支配的法制及其衍生的配套機制。本書的價值就在於能夠應證實際的歷史，我們不適合自我評論是否達到這個目標，但是我們願意相信已經完整呈現所有真實歷史研究能夠達成的最高目的，那就是人的自由。如果這份研究具有某種永恆的價值，希望讀者能夠允許我們將它的價值定位在如此的說明中。並不是我們已經完成的某些工作，而是這個首度建立的理論體系能夠啟發他人持續的研究，才是我們值得欣慰與驕傲的地方。

　　接下來的內容就是法國社會變動史，它是導讀之後社會理論的第二部分，在這個基礎上，我們將能邁向第三部分，完整真實的認知社會問題與實踐社會改革。

# 史坦恩紀事年表

## （Lorenz von Stein, 1815/11/15-1890/9/24）

| 年代 | 史坦恩生平與著作 | 同時期相關事件 |
|---|---|---|
| 1776 | · 史坦恩生母出生 | · 亞當·史密斯（Adam Smith）出版《國富論》（*An Inquiry into the Nature and Causes of the Wealth of Nations*） |
| 1789 | | · 法國大革命 |
| 1791 | | · 法國憲法制定 |
| 1793 | | · 雅各賓（the Jacobins）憲法制定 |
| 1795 | | · 法國 95 年憲法制定 |
| 1798 | | · 馬爾薩斯（Thomas Robert Malthus）《人口學原理》（*An Essay on the Principle of Population*）<br>· 孔德（Auguste Comte）出生 |
| 1800 | | · 費希特（Johann Gottlieb Fichte）出版《閉鎖的商業國》（*Der geschlossne Handelsstaat*） |
| 1804 | | · 拿破崙稱帝<br>· 康德死亡 |
| 1806 | | · 神聖羅馬帝國滅亡 |
| 1813 | | · 拿破崙被放逐厄爾巴島 |

| 年代 | 史坦恩生平與著作 | 同時期相關事件 |
|---|---|---|
| 1814 | | ・費希特死亡 |
| 1815 | ・史坦恩出生於 Eck-ernfoerde | ・滑鐵盧之役,拿破崙被放逐聖赫勒拿島<br>・德意志聯邦成立(維也納議定書)<br>・俾斯麥(Otto von Bis-marck)出生 |
| 1817 | | ・孔德成為聖西門(Saint-Simons)的祕書 |
| 1818 | | ・馬克思出生 |
| 1820 | ・就讀於軍事教養機構 Christians-Pflegeheim | ・恩格斯出生<br>・馬爾薩斯出版《政治經濟學原理》(*Principles of Political Economy*) |
| 1821 | | ・聖西門出版《工業社會》(*Du système industriel*)<br>・黑格爾出版《法哲學原理》(*Grundlinien der Philosophie des Rechts*) |
| 1825 | | ・聖西門死亡 |
| 1830 | | ・法國七月革命<br>・孔德《實證主義教程》(*Cours de philosophie positive*)第一卷出版 |
| 1831 | | ・黑格爾病逝於柏林大學 |

| 年代 | 史坦恩生平與著作 | 同時期相關事件 |
|---|---|---|
| 1832 | ·由於丹麥國王 Fried-rich VI的幫助，前往佛倫斯堡（Flens-burg）就讀拉丁文中學（Latein-Schule） | |
| 1835 | ·到基爾（Kiel）大學註冊，學習法律與哲學，這段時期史坦恩研讀黑格爾和費希特的著作，以及歷史學派（die Historische Schule）的研究 | |
| 1837 | ·到耶拿（Jena）大學修課 | |
| 1838 | | ·Gustav von Schmoller 出生 |
| 1840 | ·完成博士學位，並出版博士論文 | ·Carl Menger 出生<br>·鴉片戰爭 |
| 1841 | ·到柏林做法制史研究<br>·10月至巴黎做研究，並與當時社會主義和共產主義人士密切來往<br>·研讀聖西門和 Fouri-ers 的著作 | ·伊藤博文（Itō Hirobumi）出生 |
| 1842 | ·出版《當代法國社會主義與共產主義》（Der Sozialismus und Kommunismus des heutigen Frank-reich） | ·孔德出版《實證主義教程》第四卷，提出「社會學」的名稱 |

| 年代 | 史坦恩生平與著作 | 同時期相關事件 |
|---|---|---|
| 1843 | ・返回基爾大學擔任兼任講師，開設「法國法制史」以及「德國國家法」 | |
| 1845 | | ・恩格斯出版《神聖家族》（*The Holy Family*） |
| 1846 | ・第三度申請兼任教授資格，終於獲准<br>・與 Dorothea Steger 結婚 | |
| 1848 | ・參與斯勒威荷斯坦（Schleswig-Holstein）獨立運動，發表革命言論<br>・《當代法國社會主義與共產主義》第二版（兩冊） | ・密爾（John Stuart Mill）出版《政治經濟學原理》（*Principles of Political Economy*）<br>・馬克思、恩格斯發表《共產主義宣言》（*das Kommunistische Manifest*）<br>・法國二月革命<br>・德意志聯邦三月革命<br>・在基爾地區成立了一個臨時政府，要求將斯勒威荷斯坦完全納入德國<br>・爆發了第一次斯勒威戰爭 |
| 1850 | ・獲選議員，進入斯勒威議會<br>・出版《1789 年以來法國社會運動史》（三冊）（*Geschichte der sozialen Bewegung in Frankreich von 1789 bis auf unsre Tage, 3 Bde.*） | ・丹麥軍隊獲勝，恢復了過去的狀態<br>・7 月，德意志聯盟與丹麥簽署了《柏林和約》 |

| 年代 | 史坦恩生平與著作 | 同時期相關事件 |
|---|---|---|
| 1851 | | · 斯勒威獨立運動宣告失敗<br>· 洪秀全起義 |
| 1852 | · 被丹麥皇室解聘教職<br>· 擔任新聞記者<br>· 《國家學體系：經濟理論》出版（*System der Staatswissenschaft, Bd. 1: Statistik etc.*）<br>· 發表《普魯士憲法問題》（*Zur preussischen Verfassungsfrage*） | |
| 1853 | | · 洪秀全建立太平天國 |
| 1855 | · 獲聘為維也納大學政治經濟學教授 | |
| 1856 | · 《國家學體系：社會理論》出版（*System der Staatswissenschaft, Bd. 2: Gesellschaftslehre*） | |
| 1857 | | · 孔德死亡<br>· 後藤新平（Goto Shimpei）出生 |
| 1858 | · 出版《國民經濟學》（*Lehrbuch der Volkswirtschaft*） | · 涂爾幹（Émile Durkheim）出生 |
| 1859 | | · 馬克思出版《政治經濟學批判》（*Zur Kritik der Politischen Oekonomie*） |

| 年代 | 史坦恩生平與著作 | 同時期相關事件 |
|---|---|---|
| 1860 | ·被奧地利聘為財政部門的政務顧問<br>·出版《財政學》（*Lehrbuch der Finanzwissenschaft*） | |
| 1862 | | ·俾斯麥任普魯士首相，展開「鐵血政策」 |
| 1864 | | ·韋伯出生<br>·丹麥戰敗，普魯士和奧地利獲得斯勒威荷斯坦的管轄權 |
| 1865 | ·出版《行政理論第一部》：總論 | |
| 1866 | ·出版《行政理論第二部》：內務行政總論與人口行政 | |
| 1866 | | ·普奧戰爭，普魯士成立北德意志聯邦、統合北德<br>·孫中山出生 |
| 1867 | ·出版《行政理論第三部》：衛生行政<br>·出版《行政理論第四部》：警察行政與監護行政 | ·馬克思出版《資本論》第一冊（*Das Kapital, Bd. 1: Der Produktionsprozess des Kapitals*）<br>·斯勒威荷斯坦成為普魯士的一個省 |
| 1868 | ·獲奧地利皇室勳章<br>·出版《行政理論第五部》：教育行政<br>·出版《行政理論第六部》：文化行政<br>·出版《行政理論第七部》：經濟行政總論 | ·明治維新開始 |

| 年代 | 史坦恩生平與著作 | 同時期相關事件 |
|---|---|---|
| 1869 | ·再版《行政理論第一部》：總論（三冊）<br>《行政理論第一部第一冊》：合憲行政權與合憲政府<br>《行政理論第一部第二冊》：行政權與自治行政<br>《行政理論第一部第三冊》：行政權與人民團體 | |
| 1870 | ·出版《行政理論與行政法》（*Handbuch der Verwaltungslehre und des Verwaltungsrechts*） | ·普法戰爭 |
| 1871 | | ·Carl Menger 發表《政治經濟學原理》（*Grundsaetze der Volkswirtschaftslehre*），成為奧地利「邊際效用學派」的精神領袖（als geistiger Vater der oesterreichischen "Grenznutzenschule"）<br>·Adolph Wagner 出版《財政學》（*Finanzwissenschaft*），與史坦恩的《財政學》同為德國財政學研究先驅<br>·德意志帝國成立 |

| 年代 | 史坦恩生平與著作 | 同時期相關事件 |
|---|---|---|
| 1872 | ·俾斯麥回信感謝史坦恩贈與《軍事學》（*Die Lehre vom Heerwesen*）一書 | ·Carl Menger 獲聘維也納大學政治經濟學教職<br>·Schmoller、Wagner 等人成立社會政策協會（Verein für Socialpolitik），Heinrich Bernhard Oppenheim 語帶嘲諷地稱呼他們為「講壇社會主義」（Kathedersozialismus） |
| 1873 | | ·梁啓超出生 |
| 1876 | ·出版《德國法律學及國家學的現狀與未來》（*Gegenwart und Zukunft der Rechts- und Staatswissenschaft Deutschlands*） | ·Adolph Wagner 出版《國民經濟學理論》（*Allgemeine und Theoretische Volkswirtschaftslehre*） |
| 1879 | | ·孫中山就讀夏威夷「意奧蘭尼書院」（Iolani School） |
| 1880 | ·出版《國家學與農業經濟》（*Die staatswissenschaftliche und landwirthschaftliche Bildung*） | |
| 1881 | | ·俾斯麥推行社會保險計畫 |
| 1882 | ·伊藤博文前往維也納向史坦恩諮詢憲法與國家學 | |

| 年代 | 史坦恩生平與著作 | 同時期相關事件 |
|---|---|---|
| 1883 | ·普魯士國王以信函感謝史坦恩贈與《衛生行政》(Gesundheitswesen) | ·熊彼得(Joseph Alois Schumpeter)、凱恩斯(John Maynard Keynes)出生<br>·馬克思死亡<br>·Schmoller 出版《國家與社會學方法論》(Zur Methodologie der Staats- und Sozialwissenschaften)<br>·德國實施「疾病保險」 |
| 1884 | | ·德國實施「意外保險」 |
| 1885 | ·史坦恩自專任教職退休,但仍開授選修課程 | ·馬克思《資本論》第二冊(Das Kapital, Bd. 2: Der Zirkulationsprozess des Kapitals)出版 |
| 1887 | ·出版《國民經濟學》(Lehrbuch der National-Oekonomie)<br>·出版《行政理論第一冊》:行政的概念與國家學體系 | ·日本翻譯史坦恩《行政理論》系列著作<br>·孫中山就讀香港西醫書院 |
| 1888 | ·史坦恩在維也納大學停止開授選修課程<br>·出版《行政理論第二冊》:個人生活行政與經濟生活行政<br>·出版《行政理論第三冊》:社會生活行政 | |

| 年代 | 史坦恩生平與著作 | 同時期相關事件 |
|---|---|---|
| 1889 | | ·日本頒布「大日本帝國憲法」<br>·德國實施「老年和殘障保險」 |
| 1890 | ·史坦恩病逝於維也納附近小鎮 Weidlingau | ·後藤新平留學德國，研讀史坦恩的《衛生行政》 |
| 1895 | | ·清朝割讓臺灣<br>·康有為與梁啓超發起「公車上書」<br>·孫中山成立「興中會」，隨後第一次起義失敗 |
| 1898 | | ·7月，「百日維新」開始<br>·9月，「戊戌政變」發生，梁啓超逃亡日本，開始創報以及大量吸收西方思想<br>·後藤新平任臺灣總督府民政長官，採用「生物學原則」治理臺灣 |

註：本紀事年表為譯者自編。

國家圖書館出版品預行編目資料

社會的概念及其變動法則／史坦恩
(Lorenz von Stein) 著；張道義譯注.
-- 初版. -- 臺北市：五南, 2019.11
　　面；　公分.
　　譯自：Der Begriff der Gesellschaft
und die Gesetze ihrer Bewegung
　　ISBN 978-957-763-722-2 (精裝)

1.社會學

540　　　　　　　　　108017246

4U17

# 社會的概念及其變動法則

*Der Begriff der Gesellschaft und die Gesetze ihrer Bewegung*

作　　者 ― 史坦恩（Lorenz von Stein）

譯　　者 ― 張道義

發 行 人 ― 楊榮川

總 經 理 ― 楊士清

總 編 輯 ― 楊秀麗

副總編輯 ― 劉靜芬

責任編輯 ― 林佳瑩、黃麗玟

封面設計 ― 姚孝慈

出 版 者 ― 五南圖書出版股份有限公司

地　　址：106台北市大安區和平東路二段339號4樓

電　　話：(02)2705-5066　　傳　　真：(02)2706-6100

網　　址：http://www.wunan.com.tw

電子郵件：wunan@wunan.com.tw

劃撥帳號：01068953

戶　　名：五南圖書出版股份有限公司

法律顧問　林勝安律師事務所　林勝安律師

出版日期　2019年11月初版一刷

定　　價　新臺幣320元